Cidres du
Québec

Guillaume Leroux et Alexis Perron

MODUS VIVENDI

L'éditeur tient à remercier la CAQ pour sa collaboration.

Les Cidriculteurs artisans du Québec
555, boulevard Roland-Therrien, bureau 100
Longueuil (Québec) J4H 3Y9
Téléphone : 450 679-0530

www.cidreduquebec.com

LES PUBLICATIONS MODUS VIVENDI INC.
55, rue Jean-Talon Ouest, 2e étage
Montréal (Québec) H2R 2W8
Canada

www.modusaventure.com

Directeur éditorial et artistique : Marc Alain
Éditrice déléguée : Isabelle Jodoin
Designers graphiques : Émilie et Catherine Houle
Photographe : André Noël
Réviseur : Guy Perreault
Relectrice : Andrée Laprise

ISBN 978-2-89523-594-1

Dépôt légal – Bibliothèque et Archives nationales du Québec, 2009
Dépôt légal – Bibliothèque et Archives Canada, 2009

Nous reconnaissons l'aide financière du gouvernement du Canada par l'entremise du Programme d'aide au développement de l'industrie de l'édition (PADIÉ) pour nos activités d'édition.

Gouvernement du Québec — Programme de crédit d'impôt pour l'édition de livres — Gestion SODEC

Imprimé au Canada

Je dédie cet ouvrage à ma femme Arianne, qui n'a jamais cessé de m'encourager
et de croire en moi, ainsi qu'à mon jeune fils Thomas qui me donne
tant d'énergie par ses sourires et sa grande vitalité.

Guillaume

À Nathalie, merci pour ton support inébranlable, ta présence et ton amour
qui me permettent de tomber dans les pommes davantage chaque jour.
À Louis qui, présentement haut comme trois pommes mais n'étant
pas tombé loin de l'arbre, aura tôt fait de découvrir
toutes les déclinaisons du fruit défendu.
Je vous aime.

Alexis

Table des matières

À propos des auteurs   7
À propos des sommeliers   9
Introduction   11
1. Petite histoire du cidre   12
2. Les variétés de pommes   20
3. Les types de cidres   27
4. Élaboration des cidres   33
5. Les cidres en dégustation   39
6. Place à la dégustation   49
    Les sommeliers et la dégustation   51
    Cidre de glace   52
    Spiritueux de pomme   96
    Cidre effervescent   100
    Cidre de glace effervescent   122
    Cidre aromatisé   128
    Cidre tranquille   142
    Cidre apéritif   164
7. Cidres et gastronomie   179
8. Les bienfaits du cidre québécois   201
9. Répertoire des cidreries du Québec   209
10. Comment et où se procurer
    Les cidres du Québec   235
    La route des cidres   237
Produits alimentaires du Québec   239
Le mot de la fin   241
Remerciements   243
Bibliographie   245
Sources des photos   247
Index   249
Fiches de dégustation   252

À propos
des auteurs

Guillaume Leroux

Gestionnaire et administrateur de formation, Guillaume Leroux exerce le métier de vigneron et cidriculteur au Québec depuis plus de 10 ans. Après l'obtention d'un baccalauréat en Gestion du Tourisme et de l'Hôtellerie offert conjointement par l'Université du Québec à Montréal et l'Institut du Tourisme et de l'Hôtellerie du Québec, il a commencé sa carrière dans l'industrie de la restauration et de la distribution de produits agroalimentaires québécois. Bénéficiant de différentes formations en vinification obtenues à l'Institut de Technologie Agroalimentaire de Mirabel et de Sainte-Hyacinthe, il est aujourd'hui copropriétaire et vinificateur au vignoble et cidrerie Val Caudalies, situé sur la Route des Vins à Dunham, dans les Cantons de l'Est. Produisant lui-même différents cidres plusieurs fois médaillés, il s'implique activement dans le développement et la promotion de son industrie; ce premier ouvrage de l'auteur est le résultat d'une passion et d'un dynamisme rassembleur, dédiés à la mise en valeur et à la reconnaissance du terroir québécois.

Alexis Perron

Après des études en science politique à l'Université du Québec à Montréal et alors qu'il occupe un emploi à la Société des alcools du Québec, Alexis Perron fait, en 2005, le grand saut dans l'univers cidricole et vinicole québécois, à la suite de la mise sur pied du vignoble et de la cidrerie dont il est co-propriétaire, Val Caudalies, situé à Dunham dans les Cantons de l'Est. Vigneron et cidriculteur, sa passion pour les alcools artisanaux du Québec l'a mené à parfaire ses connaissances en la matière autant sur les plans de l'agriculture et de la transformation que de la dégustation et de la mise en marché. Cette première publication de l'auteur se veut un témoignage de son appréciation des acteurs de l'industrie cidricole québécoise mais, avant tout, une invitation à découvrir et redécouvrir, comme il le fait lui-même au quotidien, l'extraordinaire qualité et la diversité des cidres d'ici.

À la santé du cidre québécois!

À propos
des sommeliers

Guy Bourbonnière

Diplomé de l'institut de tourisme et d'hotellerie du Québec en 1990, sa passion pour les vins et la gastronomie se développe dès l'age de 9 ans. Il a travaillé dans plusieurs restaurants et hotels, dont le Reine Élisabeth et Quatre saisons. Il œuvre comme représentant chez les Sélections Francois Fréchette Inc., jusqu'en 2006. Il devient alors copropriétaire du restaurant sEb l'artisan culinaire à Mont-Tremblant, récipiendaire de la table d'or des Laurentides en 2008. En 2006 il fonda sa propre agence les Fils de Bacchus. En 2007, il ajouta au portefeuille de l'entreprise plusieurs produits du terroir québecois. Il tire une grande fierté de notre terroir et de ce qu'il peut offrir. Il s'efforce jour après jour de faire connaître ces produits par la voie de son agence et de ses cours sur les vins.

Cory Ciona

Les voyages ont toujours eu une place importante dans la vie de Cory. C'est à Sydney, en Australie, qu'il a découvert ce que sont les établissements vinicoles. Ce n'est toutefois qu'en Tasmanie qu'il a développé sa réelle passion pour les vins. Par la suite, il est parti à Londres où il a eu la chance de visiter les vignobles d'Europe et des vieux pays. Son expertise relative à l'industrie vinicole du Canada s'est élargie lorsqu'il a déménagé à Montréal, où la sélection des vins de qualité est la mieux cotée du monde. La découverte des majestueux vignobles du Québec et de ceux de l'est du Canada a confirmé le rôle qu'il désirait jouer dans cette industrie : promouvoir avec passion les vins de notre pays. Comptant maintenant plus de 15 ans d'expérience dans l'industrie hôtelière, il a toujours accordé priorité à la satisfaction du client, que ce soit à titre d'expert auprès des restaurateurs et des viticulteurs, de professeur ou d'écrivain. Cory est sommelier diplômé de l'École Hôtelière des Laurentides depuis 2007.

Introduction
Découvrez l'univers des cidres du Québec

Les raisons pour écrire un livre sur les cidres du Québec sont nombreuses, et la première d'entre toutes est définitivement le fait qu'il y a au Québec, en 2009, une masse critique d'établissements cidricoles encore trop mal connus, dont les artisans œuvrent jour après jour afin d'élaborer des cidres de grande qualité et dignes de l'intérêt croissant des amateurs. D'une perspective historique et comparative, la distribution et la consommation des cidres au Québec en sont encore à leurs premiers balbutiements. Cette jeune industrie, malgré son dynamisme et sa visibilité accrus des dernières années, a souvent manqué de moyens pour se faire connaître et reconnaître, et la cidriculture québécoise traîne avec elle un passé tumultueux dont le brouillard se dissipe enfin, après quelques décennies au cours desquelles son avenir était pour le moins incertain.

Notre objectif premier en rédigeant ce livre est de présenter les cidres d'ici et leurs producteurs, afin de familiariser le public avec ceux-ci et de lui permettre de découvrir ce petit univers aux réalisations immenses. Nous espérons qu'il puisse être un ouvrage de référence sur le sujet et qu'il pallie le manque flagrant d'informations disponibles sur cette jeune industrie prometteuse. Nous aimerions aussi que cet ouvrage suscite la curiosité du public au sujet des cidres d'ici et d'une industrie florissante directement liée à l'identité québécoise. De plus, nous avons fait en sorte qu'il soit aussi utile et intéressant pour ceux qui veulent s'initier au monde des cidres du Québec que pour ceux qui aimeraient approfondir leurs connaissances et mettre à jour leur perception de ce produit phare du terroir québécois.

Dans les pages qui suivent, vous trouverez un résumé de l'aventure cidricole québécoise à travers les âges, afin de situer le cidre dans notre histoire et mettre en lumière ses origines pluricentenaires. Vous pourrez apprendre, de A à Z, comment on élabore le cidre, quelles pommes sont utilisées et quelles sont les différentes techniques menant à l'élaboration des divers types de cidre. Vous serez guidé à travers la dégustation des différents cidres et aurez l'occasion de lire les commentaires éclairants de nos collaborateurs sommeliers au sujet de nombreux cidres disponibles sur le marché. Nous vous suggérerons également des accords gastronomiques et vous découvrirez en quoi le cidre a des bienfaits reconnus en ce qui concerne la santé. Enfin, vous pourrez consulter notre répertoire des cidreries de la province, qui vous permettra d'avoir un portrait instantané de l'industrie et d'aller à la rencontre des artisans du cidre qui œuvrent un peu partout sur le territoire.

Les succès récents et la croissance indéniable de l'industrie du cidre québécois sont le signe que les cidriculteurs ont maîtrisé leur art et proposent aujourd'hui des cidres de grande qualité et d'une grande diversité. Il appartient à chacun de nous d'aller à leur découverte, pour encourager les producteurs d'ici, certes, pour perpétuer la tradition aussi, mais surtout pour le plus grand ravissement de nos papilles !

Guillaume Leroux et Alexis Perron
Dunham, septembre 2009

Petite histoire du cidre
D'hier à aujourd'hui...

Les cidres du Québec évoluent dans un univers concurrentiel mondialisé à l'intérieur duquel ils doivent rivaliser avec une multitude de produits de tous genres. Mais le cidre, à notre époque et pour diverses raisons d'ordre historique, s'est souvent vu boudé, et ce, à l'avantage du vin, qui jouit d'une aura plus « noble », de la bière, qui apparaît plus accessible, et de certains alcools et liqueurs fortifiés (souvent importés), dont la visibilité et la réputation sont supérieures. Pourtant, le XXIe siècle pourrait bien sonner le réveil d'une boisson aux origines millénaires qui refait ses lettres de noblesse de façon spectaculaire au Québec depuis quelque temps déjà et qui, en plus de devenir de plus en plus visible, disponible et d'une très grande qualité, trouve ses racines dans une riche histoire qui mérite d'être revisitée.

Loin dans le temps...

Le cidre est l'une des plus anciennes boissons alcoolisées dans l'histoire de l'humanité. Des peuplades arabes en auraient maîtrisé l'élaboration plusieurs siècles avant Jésus-Christ. Quoi qu'il en soit, les historiens relatent que les Hébreux (« chekar »), les Égyptiens, les Grecs (« sikera ») et les Romains (« sicera ») de l'Antiquité consommaient déjà une boisson alcoolique obtenue par la fermentation du jus de pomme. Le nom qu'on lui attribuait a beaucoup évolué depuis, passant de phitarra à pomorum, de sicera à pomatium et de pommé à cidre. À partir du VIe siècle, le sydre de Biscaye, produit depuis l'Antiquité, atteint pour la première fois les rives françaises. Jusqu'au XIIe siècle, le cidre sera donc largement importé en France à partir du pays Basque, où le savoir-faire ancien de son élaboration est demeuré le plus présent. Entre le XIIe et le XVe siècle, les échanges entre les marins espagnols et normands mènent au développement de la cidriculture en Normandie et en Bretagne, qui fait évidemment suite aux débuts de la culture des pommiers, également venus d'Espagne. L'invention du pressoir à vis centrale au XIIIe siècle et la sélection de nouvelles variétés de pommes au XIVe siècle favorisèrent l'essor du cidre autant en France qu'en Angleterre (où la consommation du cidre produit dans les monastères remonterait au IXe siècle). Tout au long du Moyen Âge, les vergers d'Europe sont le plus souvent administrés par les abbayes et les monastères qui produisent du cidre partout à travers le continent.

Derniers siècles...

Au XVIe siècle en France, la bière, qui avait préalablement supplanté le vin en termes de consommation, est à son tour remplacée par le cidre, qui gagne la faveur des maîtres et des élites. Le cidre est alors un véritable art de vivre; les gentilshommes français élaborent des crus de propriétaires (qui portent leur signature personnelle). De plus, il est très répandu dans toutes les classes de la société et servi en toutes occasions.

Au fil des siècles suivants, vin, bière et cidre s'échangeront souvent le titre de boisson la plus populaire dans les pays de l'ouest et du centre de l'Europe. Ces fluctuations sont tantôt dues aux taxes imposées sur les divers produits, tantôt à des facteurs climatiques ou religieux. Par exemple, en France, au XVIIIe siècle, l'Église et l'État réglementent et proscrivent le cidre pour accorder le monopole aux produits de la vigne, tandis qu'au siècle suivant les vignobles sont détruits par une série de maladies de la vigne contre lesquelles on ne sait comment lutter, et la production de cidre est multipliée par quatre pour pallier au manque de vin. C'est d'ailleurs le XIXe siècle qui marquera l'apogée historique de la cidriculture en France. Quant à l'eau-de-vie de cidre, elle fait son apparition au XVIIIe siècle.

Le cidre subit un grand déclin en France et dans les autres pays européens au tournant du XXe siècle, alors que les gouvernements s'approprient au maximum les récoltes de pommes pour subvenir aux besoins en alcool de l'industrie de l'armement. En 1945, en France et ailleurs, la production de cidre est victime de l'assaut des guerres, de l'exode rural, du changement des modes de vie et de la popularité de la bière. Cependant, le cidre connaît un regain depuis 1980 et gagne en popularité en France au rythme d'environ 3 % par année.

Québec...

On dit que Jacques Cartier arriva à Québec en 1534 avec quelques tonneaux de cidre à bord de ses navires. Tout au long du XVIe siècle, les nouveaux arrivants de la Nouvelle-France consommaient régulièrement du cidre, principalement de Normandie. Mais, rapidement, des vergers sont plantés par quelques communautés religieuses; ce sont d'ailleurs les pères Sulpiciens

Opérateur de pressoir

qui exploitent le premier verger et opèrent le premier pressoir dans l'histoire du Québec, vers 1650, sur les flancs du mont Royal à Montréal. En 1690, ils produisent une trentaine de barils à la Mission de la Montagne. Aux siècles suivants, des cidreries apparaissent sur l'île Sainte-Hélène, à Pointe-Saint-Charles, à Lachine, puis un peu partout en province.

Toutefois, l'histoire québécoise du cidre repose largement sur les petites productions (souvent clandestines) des agriculteurs des quatre coins du pays qui ont apprivoisé la culture des pommiers au fil du temps. Comme il était autrefois impossible de conserver les pommes fraîches au réfrigérateur pour de longues périodes, on transformait une portion des récoltes en cidre et en vinaigre qui, eux, se conservaient beaucoup plus aisément. Du XVIIIe siècle au début du XXe siècle, les Québécois des milieux ruraux sont nombreux à avoir sur leurs terres quelques dizaines de pommiers dont on transforme une portion des fruits en petites cuvées de cidre. La boisson est aussi très présente dans les champs pour étancher la soif des travailleurs agricoles, et on la consomme dans toutes les occasions festives. Lors de la révolte des Patriotes, en 1837, les Franco-Canadiens sont invités à boycotter les alcools anglais à la faveur des cidres locaux. L'histoire de la production et de la consommation de cidre en Nouvelle-Angleterre est semblable à celle de la Nouvelle-France et suit à peu près le même rythme qu'au Québec jusqu'au XXe siècle.

1920...

De 1921 à 1970, le cidre, oublié dans la législation de la Commission des liqueurs (ancêtre de la Société des alcools du Québec), vit des heures sombres. Il est techniquement illégal d'en produire et, bien que les pomiculteurs ainsi que les ordres religieux continuent d'en produire en quantités modestes pour leur consommation et celle des cercles restreints qui les côtoient, le cidre est marginalisé et son commerce, très restreint. Parmi les raisons avancées pour expliquer l'exclusion du cidre du cadre législatif de l'époque, la plus plausible est que le gouvernement ait craint de perdre le contrôle sur une boisson jugée trop facile d'accès. En refusant d'encadrer le commerce du cidre et la production cidricole, le gouvernement ouvrait toute grande la porte à la contrebande. De 1920 à 1933, les États-Unis sont sous le joug de la prohibition, et le cidre

Hiram Towns et Minerva Frier, au début du 20e siècle
Aujourd'hui, la cidrerie Pommeraie du Suroît

québécois traverse la frontière de manière illicite, en des quantités difficiles à évaluer aujourd'hui encore. Chose certaine, des producteurs en profitent et le cidre du Québec arrose certains grands centres de la côte est des États-Unis durant une longue décennie. Le cidre fait donc l'objet d'un vide juridique presque durant 50 ans, au fil desquels émergent tout de même de grandes cidreries à travers le Québec. Parmi celles-ci, la cidrerie Saint-Augustin, la cidrerie de Rougemont, les cidres Dufour-Lussier et une cidrerie d'État : la cidrerie du Québec. Certaines communautés religieuses (les Bénédictins, les Cisterciens) ont également continué à produire des cidres. Enfin, une multitude de petits producteurs des régions pomicoles de la province font du cidre, qu'ils écoulent à la ferme même, dans quelques marchés publics et auprès des proches, des voisins et des amis de la famille.

1970...

C'est en 1970 que l'on permet la production de cidre au Québec, mais dans un cadre extrêmement limitatif qui impose des règles telles que la vente exclusive au lieu de production. Il va sans dire que plusieurs propriétaires de vergers saisiront l'occasion pour produire davantage de cidre malgré cette législation ne permettant pas l'essor d'une industrie cidricole dynamique et structurée. Les mêmes cidreries qui produisaient en douce deviennent légales et commercialisent leurs produits. La production et la consommation de cidre connaissent alors une hausse marquée qui, toutefois, se soldera une décennie plus tard par l'affirmation d'une image de médiocrité qui allait bientôt affecter l'ensemble des produits alcooliques issus de la pomme au Québec.

En 1972, 11 cidreries étaient en opération et produisaient plus de 20 millions de litres de cidre annuellement. Comparé à environ 1 million de litres en 2008, on pourrait penser que le cidre québécois vivait les années les plus fastes de son histoire. Il n'en était rien. Bien que le volume de production et la consommation de cidre au Québec étaient alors assez élevés, la qualité pour le moins inégale des différents cidres disponibles allait rapidement faire déchanter les amateurs, dont les maux de tête d'alors trouvent encore leur écho de nos jours. En effet, une certaine proportion des cidres de cette époque présentait des qualités générales laissant place à beaucoup d'amélioration... Comme cette boisson était facilement disponible dans les diverses localités québécoises et souvent très abordable, les abus et les mauvaises expériences sont nombreuses lorsqu'on questionne les gens qui témoignent de cette époque. C'est ainsi qu'une bonne proportion des gens ayant connu le cidre sec et peu charmeur produit de façon

Livre sur le cidre publié en 1971.

industrielle dans les années 1970 en sont venus à faire une croix sur cette boisson souvent rêche et amère, ou alors totalement insipide, qui leur était offerte. Un cidre plutôt aigre, dont la consommation était trop fréquemment associée aux plus inoubliables maux de tête !

Publicité d'époque
Pour visionner une publicité d'époque au sujet du cidre Grand Sec d'Orléans, visitez www.youtube.com/watch?v=K65koh6er1U

Il faudra attendre 1988 pour voir l'émission des premiers permis de production artisanale, ce qui permettra à l'aventure cidricole québécoise d'entamer une ère beaucoup plus florissante s'étendant jusqu'à nos jours. Il est alors octroyé aux détenteurs de permis le droit de vendre leurs produits directement dans les expositions agricoles ainsi qu'aux restaurants, alors qu'ils étaient auparavant tenus de vendre uniquement sur les lieux de production. Le premier cidre artisanal québécois fait son entrée à la Société des alcools du Québec en 1989, il s'agit du « Crémant de pomme » de la Cidrerie du Minot, située à Hemmingford. En 1992 est créée l'Association des Cidriculteurs artisans du Québec (voir encadré sur CAQ), qui mènera de nombreuses batailles jusqu'à nos jours pour favoriser la mise en valeur des cidres québécois et faciliter leur commercialisation. Si la consommation de cidre au Québec enregistre un creux en 1994, la mise en marché des premiers cidres de glace quelques années plus tard aura tôt fait de redynamiser l'industrie et de susciter à nouveau l'intérêt des consommateurs.

Aujourd'hui...
De nos jours, les cidriculteurs québécois n'ont de cesse de raffiner leur art, que ce soit dans la sélection des variétés de pommes les plus appropriées aux produits qu'ils désirent obtenir ou dans la façon d'influencer l'évolution du cidre durant son élaboration. Et c'est ainsi que le volume de production et la qualité générale des cidres québécois sont en croissance constante depuis quelque temps. Le cidre de glace, dont la paternité est attribuée à Christian Bartomeuf en 1989 (propriétaire du Clos Saragnat [voir le Répertoire à la page 213], n'a fait son entrée à la SAQ qu'en 1996, et il ne portait pas encore ce nom. Unique au Québec, ce produit gagne en popularité chaque année depuis et le cidre de glace devient rapidement le meilleur ambassadeur du terroir québécois aux niveaux national et international.

Dans le monde...
Le cidre est très en vue en Angleterre, en France et en Espagne, où il occupe une place très différente de ce que l'on connaît en Amérique du Nord. Là-bas, le cidre est un substitut à part entière de la bière et du vin; il est disponible dans tous les pubs anglais et on le trouve facilement dans les épiceries et les dépanneurs de nombreux pays européens. Les trois principaux pays producteurs sont l'Espagne, la Grande-Bretagne et la France. On produit également d'importantes quantités de cidre en Irlande, en Finlande, en Suède, en Grèce, en Belgique, au Danemark, aux Pays-Bas, en Allemagne, au Canada, en Australie, en Autriche et en Suisse. Les cidres produits dans ces pays sont d'une variété infinie, résultat des pommes utilisées, des terroirs et des méthodes de production et de vieillissement multiples et diverses.

Ailleurs dans le monde, soulignons que la bourgeoisie et les élites émergentes des grands centres asiatiques sont depuis quelques années très friandes de nouveaux produits importés, un marché prometteur dans lequel les cidres de glace québécois commencent d'ailleurs à percer.

Demain...

En 2007 et 2008, les ventes annuelles de cidre s'élèvent à plus de 8 millions de dollars, et ce, seulement à la Société des alcools du Québec. Les cidres et les produits connexes ont enregistré la plus forte progression des ventes durant cet exercice financier en doublant leur part de marché par rapport à l'exercice précédent. Propulsée à partir des années 2000 par l'arrivée du cidre de glace, l'industrie du cidre telle qu'elle nous apparaît aujourd'hui est le reflet d'un intérêt grandissant chez les consommateurs québécois qui redécouvrent le potentiel immense et toutes les déclinaisons de ce produit typique d'ici et appelé à regagner la faveur de ceux qui entretenaient de vieux préjugés à son égard.

Il y avait au Québec, en 2008, 66 producteurs de cidre. En comparaison, il y avait, la même année, approximativement 10 000 producteurs de cidre en France. Il s'est produit environ 1 million de litres de cidre au Québec en 2008. Si cette quantité nous apparaît bien modeste face aux 35 millions de litres produits annuellement en Espagne, par exemple, il n'en demeure pas moins que c'est un seuil appréciable à la lumière de l'évolution de la production cidricole québécoise et de la consommation de cidre au Québec.

Les consommateurs québécois sont de plus en plus avisés et leur soif pour les produits d'ici s'affirme chaque année davantage. Cela explique l'augmentation constante du nombre des producteurs de cidre sur le territoire québécois et la prolifération d'événements mettant en vedette ces produits d'ici.

Malgré tout, la consommation de cidre est bien inférieure à la consommation de bière, de vin, de liqueurs et de spiritueux, pour la plupart importés.

Le cidre du Québec jouit aujourd'hui d'une belle image, car ses artisans ont su, en deux décennies à peine, redéfinir les standards de qualité et faire connaître leurs nouveaux produits, inspirés d'une tradition forte mais remis au goût du jour. Le cidre du Québec, et à plus forte raison le cidre de glace du Québec, est aujourd'hui distribué aux quatre coins du monde. En effet, certains producteurs exportent leur nectar unique aussi loin que Singapour, la Chine ou le Japon, en passant par de nombreux pays européens.

Cet essor sur la scène internationale est le résultat d'efforts soutenus de la part de certains pionniers québécois de la production de cidre de glace qui sont allés à plusieurs reprises présenter leurs produits aux diverses clientèles, mais surtout aux distributeurs étrangers (souvent par l'entremise de salons ou de foires internationaux de produits alcooliques) et qui ont progressivement fait reconnaître l'extraordinaire qualité des cidres produits au Québec. Le SICER, le Salon international du cidre de qualité, qui se tenait pour la première fois en Espagne en mai 2007, a été l'occasion pour plusieurs spécialistes mondiaux du vin et des alcools de constater « ... la spectaculaire qualité et la différence des cidres du Québec » (Demers, *Le Devoir*, 18 mai 2007). La nouvelle législation sur le cidre a été adoptée au Québec à la fin de 2008. Il s'agit d'une législation provinciale encadrant la production de cidre et, plus particulièrement, celle du cidre de glace. Cette réglementation était rendue nécessaire face à la popularité grandissante d'un produit dont on voulait non seulement protéger les attributs uniques et particuliers contre la contrefaçon (les cidres de glace produits à l'aide de congélateurs ou de jus importé par exemple), mais aussi pour donner au cidre de glace la crédibilité et la rigueur essentielles à une réelle reconnaissance sur la scène internationale des boissons alcoolisées, en favorisant une certaine uniformité au niveau des caractéristiques générales (sucrosité, alcoométrie) et des modes de production (cryoconcentration et cryoextraction naturelle) des divers cidres de glace produits sur le territoire québécois.

Mais la prospérité des cidriculteurs n'en est pas pour autant assurée. De nos jours, la compétition est vive dans le domaine des boissons alcoolisées en général ainsi qu'à l'intérieur de chaque catégorie de produits. À ce chapitre, le volume de cidre de glace produit au Québec a doublé en quelques années seulement et le nombre de producteurs est toujours en croissance. De ce fait, les producteurs de toutes tailles doivent continuellement innover et aller à la découverte de nouveaux marchés pour ce produit malgré tout peu connu et mal reconnu tant à l'échelle nationale que planétaire.

1. Quelques grands amateurs de cidre dans l'Histoire

Hippocrate, Radegonde, Charlemagne, Guillaume le Conquérant, du Guesclin, Charles IX, Gustave Flaubert, Jacques Prévert...

2. Et les bulles ?

Ce n'est qu'au XVIIe siècle, lorsque la technique du verre a permis le conditionnement hermétique du cidre dans un récipient résistant à la pression, que le cidre (comme le vin d'ailleurs) a pu devenir effervescent; il était auparavant toujours consommé plat.

3. Fait intéressant

Certains amateurs de cidre québécois et des provinces maritimes des siècles derniers avaient l'habitude, en hiver, de laisser geler un baril de cidre à l'extérieur pour ensuite en récupérer la portion non gelée, ce qui avait pour effet de concentrer les arômes et permettait d'obtenir un taux d'alcool beaucoup plus élevé. On l'appelait souvent « Applejack ». Le cidre de glace a donc un lointain ancêtre qui, bien que certainement très différent des cidres de glace contemporains, était déjà façonné par les rigoureuses conditions hivernales de nos latitudes.

Les variétés de pommes
de la pomme au cidre

Que faut-il pour faire du bon cidre ?

À la question *Que faut-il pour faire du bon cidre ?*, plusieurs cidriculteurs ont répondu d'emblée : « Pour faire du bon cidre, ça prend de bonnes pommes ! » Non seulement des pommes saines et bien mûres cueillies sur l'arbre une à une, mais aussi les bonnes variétés pour le type de cidre que l'on veut faire. La qualité du fruit et la variété de pommes utilisée seront définies en fonction du type de cidre élaboré; une pomme cueillie, par exemple, au mois de janvier est un pur délice au niveau des arômes de pomme cuite et de fruits confits pour l'élaboration d'un cidre de glace, mais n'a que bien peu d'attrait pour l'élaboration d'un cidre léger que l'on souhaite vif et frais.

Pomme de la variété Geneva

Le cidriculteur artisan doit connaître les caractéristiques de chaque variété de son verger, les transformer indépendamment en jus, puis en cidre, pour comprendre comment elles se comportent dans les différents processus d'élaboration, et ensuite tester différents assemblages. C'est par expérimentations successives que les méthodes de cidrification se sont raffinées et que la connaissance des variétés de pommes du Québec utilisées pour élaborer les cidres ont pris toute leur importance. Certains cidres seront issus d'une seule variété de pommes, et cela représente une occasion intéressante de bien apprécier et reconnaître les caractéristiques propres au fruit. Néanmoins, la grande majorité des producteurs procéderont à des assemblages judicieux des variétés choisies en fonction de leur caractère acidulé, amer, sucré, parfumé et aromatique.

Terroir

Au Québec, un grand nombre de variétés de pommes, dans des régions au climat et à la composition des sols bien différents, permet l'élaboration d'une gamme de cidres très diversifiée. Plusieurs visiteurs à notre boutique de Dunham nous affirment chaque année que « ... les Cortland de Dunham ne goûtent pas la même chose que les Cortland de Rougemont, de St-Joseph-du-Lac ou de l'île d'Orléans ». Selon leur sens du goût, il y a une notion de terroir qui définit le goût de la pomme. Effectivement, les agronomes s'entendent en général pour affirmer qu'au niveau de la culture de la pomme, la composition des sols, les degrés de chaleur accumulés, l'alternance de journées chaudes et de nuits froides, la quantité de précipitations, l'orientation du verger et les techniques de culture sont tous des facteurs qui influencent le goût du fruit. Il est néanmoins difficile d'affirmer que la différenciation des cidres provient uniquement de leur terroir. Mais il est raisonnable de penser que, dans une certaine mesure, cela en représente un facteur.

L'élaboration d'un cidre à l'aide d'une même variété de pommes provenant de deux régions différentes, cidrifiées dans les mêmes conditions en vue de procéder à une comparaison pour voir s'il y a une différence majeure représente une piste de recherche intéressante.

Exemples de variétés de pommes à cidre

En Angleterre, en Espagne et en France, on retrouve des vergers uniquement de pommes à cidre. Destinées au cidre plutôt qu'à la consommation, ces variétés sont caractérisées par une belle acidité, une grande amertume et une importante quantité de tannins.

Exemples de variétés de pommes à cidre anglaises

Sucrée :   Sweet Alford, Woodbine, Eggleston Styre, Sweet Coppin, Court Royal

Sucrée/amère : Harry Master's Jersey, Dabinnett, Knotted Kernel, Royal Wilding, Bulmer's Norman, Somerset Red Streak

Acide :   Frederick, New Foxwhelp, Crimson King, Cap of Liberty

Acide/amère : Kingston Black, Stoke Red

Exemples de variétés de pommes à cidre françaises

Presque toutes Sucrées/amères : Amère du Surville, Bedan des Parts, Binet Blanc, Binet Rouge, Julien de Paulmier, Launette Grosse, Maréchal, Michelin, Montlige Blanc, Moulin-à-Vent, Omont, Reine des Pommes, Rouge du Landel, St-Laurent

Exemples de variétés de pommes utilisées pour le cidre au Québec

Les pommes utilisées pour le cidre au Québec sont en général des pommes destinées à la consommation. Les pommes de table (de fantaisie, pour le dessert ou à couteau) donnent un jus qui a un bon ratio acidité/sucre, a peu de tannins en moyenne et beaucoup d'arôme :

Jersey Mac, Melba, Paulared, Lobo, McIntosh, Spartan, Redcort, Cortland, Honey Crisp, Liberty, Ginger Gold, Mitch Gala, Empire, Lodi, Bella Vista, Délicieuse, Russet, Délicieuse rouge, Royal Gala, Golden Russet, MacBarry, Yellow Transparent, Quinte, Wolf River, Milton, Honey Gold, Bancroft, Fameuse, Geneva, Smoothee, Redfree, McPionneer, Red Coat, Délicieuse jaune, Duchesse, Antonovka, Wealthy, Lofem, Northern Spy, Trent, Diva, Dolgo, Pinova, Rubinette, Mme Langevin, Kent, Belmac, Freedom, Primevère, Mac Barry, Genagold, Gala

Les variétés de pommes recommandées pour la culture au Québec sont, selon W. T. Macoun, le premier horticulteur de la couronne au Canada, dans *The Apple in Canada* (1916) :

McIntosh, Fameuse, Golden Russet, Yellow Transparent, Nonpareil, Crimson Beauty, Duchess of Oldenburg, Wealthy, Alexander, Wolf River, Antonovka

Pommes amères : Hyslop, Transcendent

Les variétés de pommes recommandées pour la culture au Québec, selon la station de recherche expérimentale d'Agriculture Canada, à Saint-Jean-sur-Richelieu, en 1980 :

Cortland, Red Delicious, Fameuse, McIntosh, Lobo, Melba, Golden Russet, R. I. Greening, Wayne, Wealthy, Cox's Orange Pippin

Pommes amères : Dolgo, Geneva

Voici la liste des variétés de pommes de table recommandées pour la culture au Québec en 2008 selon le ministère de l'Agriculture, des Pêcheries et de l'Alimentation du Québec :

Ginger Gold, Paulared, Primgold, Redfree, Sunrise, Zestar, Arlet, Belmac, Cortland, Redcort, Royal Court, Empire, Peck's Red, Fortune, Golden Russet, Honey Crisp, Jonamac, Liberty, Mitch Gala, Pinova, Royal Gala, Rubinette, Silken, Sweet Sixteen, Topaz

Assemblage

Autant en Europe qu'au Québec, très peu de cidres sont élaborés à partir d'une seule variété de pommes. L'assemblage permet de réunir les qualités complémentaires de chacune des variétés utilisées, dans la recherche de l'équilibre entre le sucré, l'acidité, l'amertume et les arômes. La littérature sur l'élaboration des cidres et le témoignage des cidriculteurs du Québec recommandent en général d'assembler différentes variétés de pommes dont le jus sera soit aromatique, soit amer ou acidulé, et qui seront harmonisées pour créer un cidre de qualité et bien équilibré. Certaines variétés sont aussi recommandées pour être utilisées comme base neutre afin d'augmenter le volume de certains cidres.

Acidulées : Les pommes de table que l'on utilise au Québec pour le cidre sont très aromatiques et sucrées, mais aussi acidulées (acides maliques, acides tartriques et acides citriques).

Le PH peut varier entre 3 (Melba, McIntosh), pour les plus acidulées, et 4 (Royal Gala, Spartan, Délicieuse), pour les plus douces.

Aromatiques : Pommes de table par excellence – Empire, Golden Russet, Fameuse, Délicieuse, Honey Crisp, Royal Gala, McIntosh.

Amères : Pommes pas très bonnes à manger car astringentes et amères – Geneva, Dolgo, pommette, pomme sauvage.

Base neutre : Donne beaucoup de jus, moyennement acide, mais peu de qualité aromatique – Paulared, Cortland.

Pour faciliter le processus de transformation, les pommes pourront être mélangées dans les proportions voulues avant le broyage et le pressurage, ou bien ce sera le jus des différentes variétés qui sera assemblé avant la fermentation. Néanmoins, plusieurs cidriculteurs feront fermenter le jus des différentes variétés indépendamment ou en les regroupant judicieusement en fonction de leurs caractéristiques, pour maximiser le caractère et l'identité de chaque variété à la fermentation, et finalement effectuer les assemblages tout juste avant les filtrations et l'embouteillage.

Tannins

Les tannins sont des complexes phénoliques qui ajoutent de l'amertume, voire de l'astringence, à certains cidres et leur donnent saveur et personnalité en les structurant. Les tannins sont perçus en bouche avec une certaine rudesse, créée par un assèchement de la langue et du palais. Les variétés de pommes que l'on trouve en Amérique du Nord et, notamment, au Québec, sont en général des pommes de table qu'on prend plaisir à croquer et qui ont beaucoup moins de tannins que les pommes à cidre utilisées en Europe. Elles auraient en moyenne seulement 20 % des tannins des pommes à cidre européennes. Les cidriculteurs québécois qui désirent du tannins dans leurs cidres cultiveront des variétés particulières ou devront en ajouter. Pour augmenter la teneur en tannins, les cidriculteurs peuvent ajouter dans certains cidres des herbes ou des feuilles de certaines plantes, utiliser du jus de pomme sauvage ou ajouter des tannins œnologiques, qui sont en général de l'écorce de noix ou de châtaignier.

Expérimentations

Certaines variétés de pommes du Québec seront cultivées pour la qualité de leur cidrification, pour leur couleur (Redcort, Geneva), leurs tannins (Geneva, Russet), leur concentration en sucre (Gala, Spartan) ou même pour leur capacité à rester sur l'arbre pendant l'hiver (Liberty, Empire). La recherche et le développement de nouvelles variétés de pommes à cidre sont une priorité pour les dirigeants de la Cidrerie du Minot, à Hemmingford. «Toujours à la recherche de l'équilibre et de l'harmonie dans le cidre, nous développons de nouvelles variétés plus sucrées et plus tanniques à la fois, en collaboration avec la station de recherche expérimentale d'Agriculture Canada, à Saint-Jean-sur-Richelieu», affirme Alan Demoy.

À la Face Cachée de la Pomme, située aussi à Hemmingford, François Pouliot et Stéphanie Beaudoin attachent également une grande importance au développement de nouvelles variétés de pommes, très sucrées et ayant aussi comme caractéristique de rester patiemment sur l'arbre jusqu'aux grands froids, une qualité certaine pour l'élaboration de cidres de glace issus de la cryoextraction. Au Clos Saragnat de Frelighsburg, c'est par la reproduction et la culture de variétés anciennes, récupérées sur des propriétés ancestrales de la région de Brome-Missisquoi, que Christian Bartomeuf et Louise Dupuis bénéficient aujourd'hui de variétés de pommes qui restent bien accrochées sur l'arbre jusqu'aux grands froids de l'hiver pour la cueillette hivernale.

Dans un autre ordre d'idées, des tentatives de cidrification avec des pommes de pommiers sauvages provenant de la propriété sont faites à la cidrerie Val Caudalies, à Dunham. Pour Julien Vaillancourt, copropriétaire et maître de chai, «... les pommettes sauvages sont une source potentielle intéressante de tannins naturels qui nous permet d'expérimenter différentes avenues dans l'élaboration de nouveaux produits». Deux grandes questions ayant trait à la cidriculture ont été soulevées à différentes époques et dans différentes régions du monde : Qu'est-ce qui fait un bon cidre ? Quelles sont les caractéristiques d'une bonne pomme à cidre ? Pour répondre à ces questions, des milliers d'expérimentations ont été réalisées, et les commentaires diffèrent d'une époque à l'autre, d'un pays à l'autre et même d'une cidrerie à l'autre. Sans oublier bien entendu que tous les goûts sont dans la nature. Il faut donc oser déguster les cidres et les comparer entre eux pour se forger sa propre opinion et laisser tomber les anciens préjugés pour se pencher aujourd'hui sur les cidres du Québec qui se démarquent par leur originalité et surtout leur qualité.

Les types de cidres
pour tous les goûts...

Les années 1970 ont été marquées par la production de cidre de masse, avec les succès et insuccès que l'on connaît aujourd'hui. Ce que l'on a vu renaître dans les années 1990 avec l'arrivée du cidre de glace, et qui est maintenant bien confirmé en 2009, c'est la production de cidres fins, marqués par leur authenticité, leur originalité et surtout leur qualité.

Chapeautés par l'Association des Cidriculteurs Artisans du Québec, et surtout motivés par une même passion, tous les cidriculteurs du Québec se sont fixé le même but : produire toute une gamme de cidres savoureux dans les règles de l'art. Ils seront soit complexes et riches, soit accessibles et rafraîchissants, mais, dans tous les cas, ils seront toujours rassembleurs et faciles à apprécier. Pour reprendre la définition du dictionnaire, le cidre est une boisson faite avec le jus fermenté des pommes (*Larousse*, 1985). De façon plus précise, plusieurs types de cidres sont disponibles au Québec. Selon les normes de la Régie des alcools, des courses et des jeux du Québec, le cidre est classé selon les critères relatifs au taux d'alcool, à l'effervescence et au taux de sucre résiduel.

Boutique Val Caudalies, vignoble et cidrerie

1. Classification en fonction du taux d'alcool

Cidre léger : Boisson obtenue par la fermentation alcoolique du jus de pomme, qui contient au moins 1,5 % et au plus 7 % d'alcool.

Cidre aromatisé : Boisson obtenue par l'addition de substance aromatique végétale au cidre.

Cidre fort : Boisson obtenue par la fermentation alcoolique du jus de pomme auquel peut être ajouté du concentré de jus de pomme ou du sucre (chaptalisation) et qui contient plus de 7 % et au plus 13 % d'alcool.

Cidre de glace : Boisson obtenue par la fermentation alcoolique du jus de pomme qui doit présenter un taux de sucre d'au moins 310 g de sucre par litre avant fermentation, concentré uniquement par le froid naturel, ayant une teneur en sucre résiduel d'au moins 140 g de sucre par litre de produit fini et qui contient un taux d'alcool entre 7 et 13 %. L'utilisation de la congélation artificielle est défendue, et aucun ajout de sucre, d'arôme et de colorant n'est permis.

Cidre apéritif : Boisson obtenue à partir de cidre qui contient au moins 5 % d'alcool, à laquelle peuvent être ajoutées des substances aromatiques végétales (fruits, aromates, etc.), du concentré de pomme ou du sucre et qui, par fermentation ou ajout d'alcool, contient au moins 15 % et au plus 20 % d'alcool. L'appellation « cidre apéritif » peut être accompagnée par celle de « mistelle de pomme » ou même de « vermouth de cidre » ou « vermouth de pomme ».

Le mistelle de pomme a un pourcentage d'alcool se situant entre 15 et 20 % d'alcool et est obtenu à partir de moût de pomme (non fermenté) et additionné d'alcool, par exemple de l'alcool de grain, du cognac ou du brandy de pomme. L'appellation « cidre de feu » n'est pas une appellation au sens de la loi, mais est employée pour définir un cidre dont le moût de pomme fut concentré sous l'effet de la chaleur ; le cidriculteur fera chauffer le moût de pomme lentement dans un évaporateur à sirop d'érable. On le retrouve principalement sous la catégorie des cidres apéritifs.

L'évaporateur d'eau d'érable semble avoir trouvé une nouvelle vocation avec la concentration du jus de pomme qui sert de base à la production du « cidre de feu ».

Alcool de pomme distillé : Qu'on l'appelle ici Brandy de pomme (vieilli en fût de chêne) ou eau-de-vie de pomme (non vieilli en fût de chêne), comme le fameux Calvados du département du Calvados, en France, un cidre fort tranquille sera distillé par un alambic et permettra de recueillir un alcool de pomme.

2. Cidre effervescent
Voici quelques mentions utilisées pour qualifier les cidres effervescents

Pétillant : Lorsque le cidre est imprégné naturellement de gaz carbonique sous une pression d'au moins 1,2 atmosphère et d'au plus 2 atmosphères absolues.

Pétillant gazéifié : Lorsque le cidre est imprégné artificiellement de gaz carbonique sous une pression d'au moins 1,2 atmosphère et d'au plus 2 atmosphères absolues.

Mousseux : Lorsque le cidre est imprégné naturellement de gaz carbonique sous une pression de plus de 3 atmosphères et d'au plus 5 atmosphères absolues.

Mousseux gazéifié : Lorsque le cidre est imprégné artificiellement de gaz carbonique sous une pression de plus de 3 atmosphères et d'au plus 5 atmosphères absolues.

La méthode de production d'un cidre effervescent sera également indiquée par la mention suivante :

Méthode cuve close (méthode charmat) : Lorsque le dernier stade de la fermentation s'effectue en cuve close.

Méthode champenoise (ou traditionnelle) : Lorsque le dernier stade de la fermentation se fait en bouteille et que les levures sont retirées de celle-ci.

Méthode classique (cidre bouché ou cidre sur lies) : Lorsque le dernier stade de la fermentation se fait en bouteille, sans retirer les levures.

3. Cidre en fonction du taux de sucre

On appelle « sucre résiduel » la quantité de sucre qu'il reste dans le produit après la fermentation. La quantité de sucre résiduel est mesurée en grammes par litre (g/l). Le sucre résiduel peut provenir des sucres naturels de la pomme, mais également d'une autre source, par exemple, l'ajout de sucre.

Cidre sec :	moins de 4 g de sucre résiduel par litre
Cidre doux :	de 5 à 30 g
Cidre liquoreux :	de 31 à 140 g
Cidre de glace :	140 g et plus (concentration naturelle par le froid seulement)

Et même les mousseux auront des termes pour définir leur sucrosité, qui diffèrent des cidres tranquilles :

Brut :	moins de 30 g de sucre par litre
Demi-sec :	entre 30 et 50 g de sucre par litre
Doux :	50 g et plus

4. Autres types de produits

Vinaigre de cidre : Le vinaigre de cidre provient d'un cidre qui, sous l'action de bactéries favorisant la production d'acide acétique, sera transformé en vinaigre.

Verjus : Le verjus est le jus fermenté de pommes sauvages ou de pommes de table cueillies avant la pleine maturité, trop acides pour être bues mais grandement utilisées en cuisine pour aromatiser les sauces, la viande, les soupes et les vinaigrettes.

Applejack : Provenant des régions les plus froides d'Europe, c'est en Nouvelle-Angleterre, au XVIIIe siècle, que l'on voit apparaître ce type de produit en Amérique.

Vinaigre de cidre de pommes,
Les vergers de L'Abbaye de Saint-Benoît
Verjus de l'abbé St-Antoine
Verger du Clocher

La méthode traditionnelle consistait à laisser fermenter le cidre dans un tonneau en ajoutant du sucre, du sirop d'érable ou du raisin, pour augmenter le pourcentage d'alcool par fermentation; le baril était ensuite placé dehors, en hiver, pour qu'il puisse geler pendant la nuit. Au matin, les cristaux de glace formés sur le dessus étaient enlevés. Selon les conditions climatiques des régions où on élabore le cidre Applejack, il peut être doux comme un vin ou fort comme du brandy. Et selon le climat, le producteur peut concentrer un cidre de 10 à 15 % d'alcool, les hivers chauds, et jusqu'à 40 % d'alcool, les hivers rigoureux. Des essais à la cidrerie Val Caudalies, à Dunham, ont permis d'observer qu'une deuxième concentration par le froid d'un cidre de glace initialement à 10 % d'alcool pouvait atteindre 18 % d'alcool de façon naturelle, sans ajout d'alcool.

Les cidriculteurs d'aujourd'hui

Certains affirment qu'on est loin de parler de typicité des cidres du Québec quand, pourtant, la typicité des cidres québécois provient de la créativité des producteurs utilisant des variétés de pommes très sucrées et aromatiques pour créer toute une gamme de cidres. Ces cidres sont élaborés par des producteurs ayant des notions et des connaissances en œnologie et en cidrification avancées, sans égard à une tradition cidricole limitative. Les cidriculteurs d'aujourd'hui exercent leur art de la transformation de la pomme avec un souci de qualité et d'originalité sans pareil dans l'histoire de cette jeune industrie.

Élaboration des cidres
La qualité avant tout

Plusieurs facteurs sont pris en considération pour évaluer un cidre de qualité en fonction du type de cidre, des variétés de pommes utilisées et de la façon dont le cidre est élaboré; le facteur humain est effectivement un élément déterminant dans l'élaboration d'un cidre de qualité, tant au niveau des méthodes de production et des diverses manipulations effectuées dans le processus de transformation que dans la vision que le producteur a de son produit final.

Puisque la nature ne nous donne pas toujours les conditions idéales pour faire du cidre, c'est-à-dire un bon taux de sucre, les meilleures levures, la bonne quantité d'acides et de tannins ainsi que les conditions parfaites pour la fermentation, c'est sous les soins habiles de l'artisan cidriculteur que peut naître le bon cidre.

Un cidriculteur élaborera plusieurs types de cidres, mais un seul objectif est poursuivi : éveiller les sens, tant aux niveaux visuel, olfactif, gustatif et tactile. La qualité d'un bon cidre sera déterminée en effet en fonction de l'apparence visuelle, de l'équilibre acidité-sucre-amertume-alcool, de la présence et de la franchise des arômes et des parfums dus à la fermentation et provenant des caractéristiques propres aux variétés de pommes utilisées.

Cidre tranquille
Les processus d'élaboration seront différents d'un type de cidre à l'autre mais, en général, ils suivront tous à un certain moment les étapes d'élaboration d'un cidre tranquille.

En premier lieu, les pommes saines seront lavées puis broyées (pomace) et le pressurage suivra pour en extraire le jus. En général, on laissera le jus décanter quelques heures pour permettre aux particules solides de se déposer au fond des réservoirs. On transvidera le moût clarifié dans des cuves en acier inoxydable ou dans des barriques pour ensuite lancer la fermentation. Il existe plusieurs types de pressoirs (hydraulique, pneumatique, à rouleau, à vis, à bande, à plateaux, accordéon); le choix réside dans un bon rendement en termes de jus sans aller chercher les tannins trop astringents des pépins en exerçant une pression qui serait trop violente.

Fermentation
La fermentation alcoolique est le processus durant lequel les sucres sont convertis en alcool et en gaz carbonique sous l'action des levures. La fermentation ralentit et s'arrête quand il n'y a plus de sucre à consommer et à convertir en alcool; il en résulte un cidre sec. Il est aussi possible d'arrêter la fermentation alcoolique pour garder des sucres naturels dans le cidre (sucres résiduels). La fermentation des cidres se fait à basse température (entre 6 et 18°C), pendant des semaines ou même des mois, pour favoriser l'extraction et l'expression des arômes ainsi que la finesse et le parfum de la pomme.

À la fin de la fermentation, le cidre sera prêt à être dégusté, mais plusieurs autres manipulations seront effectuées par le cidriculteur pour obtenir un cidre de qualité, comme le vieillissement en barrique, s'il y a lieu, diverses clarifications et souvent plusieurs filtrations. Le vieillissement en fût de chêne sera davantage prisé dans le cas des cidres apéritifs, mistelles de pomme, brandy de pomme et, parfois, cidres de glace.

Diverses manipulations

D'autres manipulations ou méthodes peuvent être exécutées en fonction du produit désiré et de la façon de travailler du cidriculteur.

En voici quelques exemples :

- Élevage sur lies
- Concentration des sucres de façon naturelle par le froid
- Concentration des sucres par la chaleur
- Contrôle des températures de fermentation
- Fermentation en fût de chêne
- Ajout d'alcool
- Aération et oxydation des moûts ou des cidres
- Chaptalisation, ajout de sucre ou de moût concentré
- Aromatisation avec des fruits, sirop de fruits, herbes, épices
- Ajout d'agents de conservation
- Sans ajout de sulfites
- Utilisation de pommes issues de l'agriculture biologique uniquement
- Désacidification

Cidre effervescent

Comme nous l'avons mentionné plus haut, le cidre effervescent est élaboré en deux temps : tout d'abord, on suit les étapes d'élaboration d'un cidre tranquille, puis on procède à une prise de mousses naturelles ou à l'ajout de gaz carbonique selon une des méthodes suivantes :

- méthode naturelle en cuve close (méthode charmat) où le cidre tranquille fermentera une deuxième fois en cuve fermée pour garder le gaz carbonique issu de la fermentation;

- par une prise de mousse naturelle en bouteille qui consiste à embouteiller le cidre tranquille et à déclencher une seconde fermentation en bouteille. On mentionnera la méthode champenoise (méthode traditionnelle) si les levures sont retirées de la bouteille après la prise de mousse (processus que l'on nomme le dégorgement), ou la méthode classique (cidre bouché, cidre sur lies), quand les levures inertes forment un dépôt en bouteille;

- par injection artificielle de gaz carbonique dans le cidre avant l'embouteillage.

Cidre de glace

Il n'a pas été question pendant longtemps de « déguster » le cidre mais bien de le « boire ». Le cidre du Québec a su acquérir ses lettres de noblesse, notamment grâce à la notoriété du cidre de glace, un produit unique d'ici, qui est comparé avantageusement aux grands liquoreux du monde et qui nous amène découvrir (ou redécouvrir) les autres types de cidres québécois. Que les pommes soient cueillies à l'automne ou à l'hiver, la concentration des sucres doit provenir du froid naturel de nos hivers. Selon l'Association des Cidriculteurs artisans du Québec, pour élaborer un cidre de glace, il est nécessaire d'utiliser en moyenne 4 à 5 fois plus de pommes que pour les autres types de cidres. Le cidre de glace, comme tous les autres types de cidres, est maintenant encadré par une réglementation précisant les normes de qualité et d'élaboration. Pour élaborer cette boisson bien de chez nous, les braves cidriculteurs du Québec procéderont à la concentration des sucres de la pomme par le froid naturel de nos hivers rigoureux. Pour ce faire, deux méthodes naturelles différentes sont utilisées : la cryoconcentration et la cryoextraction.

Cryoconcentration

La cryoconcentration

La cryoconcentration consiste à presser et ensuite placer le jus de pomme à l'extérieur, ce qui lui fera subir des gels et des dégels successifs pendant des mois, pour finalement geler. L'eau se cristallise, permettant la séparation du sucre et de l'eau; un sirop de pomme très concentré en sucre et en arômes en sera récupéré.

Cryoextraction

La cryoextraction

La cryoextraction consiste à presser les pommes gelées à des températures entre -6 et -12°C. Les variétés de pommes particulières qui ont la capacité de rester sur l'arbre seront cueillies en hiver, entre la mi-décembre et la mi-janvier habituellement. Après avoir été cuites et confites par le froid et le soleil, elles sont ensuite pressées gelées pour obtenir un moût d'une grande complexité aromatique, souvent dans le but d'élaborer certaines cuvées « Spéciale », « Réserve » ou « Prestige ». Dans d'autres cas, la pomme pourra aussi être entreposée après la cueillette, de l'automne jusqu'à l'hiver, à atmosphère contrôlée ou à des températures plus élevées pour une surmaturation du fruit, puis remise à l'extérieur lorsque les températures sont assez froides pour presser ces pommes gelées. On peut également procéder au pressurage des pommes gelées laissées à l'extérieur de l'automne jusqu'à l'hiver.

Garde et vieillissement

Le cidre est-il un produit de garde?

De prime abord, on serait porté à croire qu'un alcool contenant peu de tannins n'aurait pas intérêt à vieillir; néanmoins, les cidres à forte teneur en sucres résiduels, tels que les cidres de glace, les cidres liquoreux et les cidres apéritifs, sont en général de meilleur garde que les cidres plus secs car avec l'âge, l'oxydation due au vieillissement accentuera les arômes de caramel et de pomme cuite qui sont caractéristiques de ce type de produits.

Le vieillissement pour les autres types de cidres n'est pas nécessairement recommandé, car ils ont avantage à être bus en jeunesse. Ils se garderont bien quelques années, mais ne se bonifieront pas nécessairement, et ils perdront même de leur vivacité et de leur fraîcheur. En ce qui a trait aux cidres mousseux, ils peuvent se garder sans problème quelques années sans s'altérer. La présence de gaz carbonique préservera le cidre d'un contact avec l'air et minimisera donc l'oxydation du produit.

> Le premier cidre de glace a été créé en 1989, au Québec, par le vinificateur et cidriculteur Christian Barthomeuf. En 2009, il a dégusté un millésime 1990, et le cidre de glace présentait une complexité déconcertante et dégageait une extraordinaire richesse aromatique.
>
> Christian Barthomeuf affirme que, bien que les cidres de glace soient délectables en jeunesse, ils bénéficieront d'un vieillissement de quelques années pour atteindre leur valeur optimale. Un cidre de glace prendra quelques années avant d'atteindre son équilibre car l'acidité, l'amertume, la sucrosité et l'alcool restent côte à côte pendant les premières années en bouteille pour ensuite se fondre et créer une seule perception d'harmonie.

Il ne faut jamais oublier que la capacité de vieillissement d'un cidre (tout comme le vin) dépendra de ses conditions de stockage.

Normes de base pour un environnement de garde adéquat

Une température constante autour de 12°C et une humidité stable d'environ 70 % sont idéales. C'est dans l'ombre que les cidres évoluent vers la maturité car l'éclairage (naturel ou artificiel) les fera vieillir prématurément. Les bouteilles doivent être entreposées à l'horizontale pour humidifier en permanence le bouchon. Puisqu'on ne bénéficie pas tous d'un cellier ou d'une cave à vin, il faut savoir que le cidre est relativement robuste et qu'il ne faut pas s'inquiéter outre-mesure par ses conditions de garde.

Une fois la bouteille couchée, le cidre en contact avec le bouchon de liège créera l'humidité nécessaire pour conserver le cidre pendant plusieurs années. Et en ce qui concerne la température, il faut surtout éviter les variations soudaines et de façon répétée.

L'utilisation excessive de pommes McIntosh dans les cidres des années 1970 par les cidreries industrielles a stéréotypé le goût du cidre au Québec pendant plusieurs décennies. Nous sommes en mesure aujourd'hui de découvrir plusieurs types de cidres fins québécois qui répondent à tous les goûts et se dégustent à toutes les occasions.

Les cidres en dégustation
Partage, convivialité et plaisir

Le cidre nous rappelle les belles journées d'automne et les parfums de pommes fraîches. On l'achètera pour une occasion spéciale ou simplement pour déguster au quotidien, au hasard d'une belle découverte ou même pour entreposer au cellier. Comme nous l'avons vu, le cidre est une boisson très polyvalente qui peut être appréciée de bien des façons. Il se laisse aisément déguster de par son côté fruité et inspire le partage, la convivialité et le plaisir.

Bien que le cidre soit une boisson beaucoup moins répandue que le vin ou la bière au Québec, on observe une augmentation majeure des ventes de cidres à la SAQ année après année. L'engouement pour le cidre suit la tendance à la hausse de la consommation de vins rouges fruités et charmeurs ainsi que des vins blancs et rosés.

Bien que se présentant en de multiples variétés et exhibant, dans certains cas, une grande complexité et une persistance aromatique soutenue, le cidre, de par son côté fruité, peut se révéler d'une accessibilité attrayante pour les débutants en dégustation. Il n'est point nécessaire d'avoir un palais d'expert et de grandes connaissances pour apprécier un cidre; il suffit simplement de faire confiance à ses sens car, comme pour le vin, la dégustation du cidre est avant tout une expérience sensorielle. Les cidriculteurs du Québec offrent de nos jours des cidres élaborés dans les règles de l'art, avec un souci de qualité indéniable, et ils sont toujours disponibles pour vous les présenter. Les cidres du Québec méritent d'être mieux connus, ainsi que le savoir-faire des artisans cidriculteurs qui leur apportent caractère et personnalité. Ils valent donc d'être dégustés et que l'on s'y attarde de façon particulière, un sens à la fois.

Mondial des cidres de glace

Prendre plaisir à déguster !

La deuxième édition du Mondial des cidres de glace, à Rougemont, les 14 et 15 février 2009, fut un franc succès, accueillant plus de 10 000 visiteurs qui ont pris plaisir à déguster et à comparer les divers cidres de glace.

Dégustation des cidres par les sens

On élabore les cidres au Québec en recherchant l'équilibre et l'éveil des sens. On parle ici de textures, de parfums et d'arômes offrant différents niveaux de complexité en fonction des différents types de cidres confectionnés.

Plusieurs facteurs entrent en relation dans la création des caractéristiques et dans le développement des arômes du cidre : les variétés de pommes utilisées généreront des arômes particuliers; les levures employées pour la fermentation alcoolique, les températures de fermentation, l'élevage, l'entreposage et le vieillissement du cidre en cuve, en fût de chêne et en bouteille, de même que les méthodes de production propres à chaque cidriculteur influenceront les résultats.

Le même vocabulaire que celui du vin est employé lorsqu'il s'agit de la dégustation des cidres, et ce, en fonction de nos cinq sens. Bien que plusieurs variantes d'arômes et de parfums de pomme ainsi que de couleurs soient propres au cidre, plusieurs types de parfums et de saveurs peuvent s'apparenter au lexique de la dégustation du vin blanc. Pour découvrir et apprécier le cidre, il faut faire preuve de finesse et de sensibilité, afin d'être attentif à ce que nous disent nos sens. Décrire les odeurs, les arômes et les saveurs est hautement complexe. D'un point de vue biologique, comme on le sait, les perceptions diffèrent d'une personne à l'autre, mais également en fonction de la mémoire sensorielle, des différences culturelles et de l'expérience individuelle. Quoi qu'il en soit, la dégustation doit rester une occasion unique de partage et de plaisir qui, après tout, est à la portée de tous !

La dégustation du cidre implique une certaine forme d'isolement et un recueillement permettant l'ouverture des perceptions sensorielles : la vue, l'odorat, le goût, le toucher et même l'ouïe sont mis à contribution pour porter un jugement appréciatif. Il ne faut pas oublier toutefois que l'harmonie et l'équilibre de l'ensemble feront également partie du processus d'appréciation.

L'appréciation du cidre se joue également au niveau de la connaissance et du jugement que l'on porte sur le producteur et la manière dont il élabore ses cidres. L'appréciation se fera aussi en fonction du service du cidre : la façon dont on le sert; les verres dans lesquels on le déguste; la température au moment de le servir; le bon moment pour le servir ainsi que l'harmonie entre les mets et les cidres.

La vue

Le plaisir de la dégustation est avant toute chose un plaisir du regard. On observe d'abord sa couleur et son intensité, puis sa consistance, ou sa fluidité, sa limpidité et, finalement, son effervescence.

La couleur et l'intensité varieront en fonction du type de cidre, des variétés de pommes utilisées, de la concentration des sucres, des méthodes de production et du vieillissement.

Couleurs et intensités : Effet verdâtre, jaune clair, jaune paille, jaune canari, jaune doré, vieil or, bronze, orangé, abricot, ambré, rosé

Limpidité : Présence de particules en suspension ou de dépôt, limpide, trouble

Consistance : Mince, liquoreux (sucre), visqueux (alcool)

Effervescence : Taille, finesse et quantité des bulles; apparence de la mousse

Les bulles du cidre naturellement effervescent sont toutes petites au fond du verre avant de se joindre et s'agglomérer pour devenir des sphères plus grosses, et finalement éclater à la surface. Les cidres effervescents de façon naturelle vont maintenir leurs bulles plus longtemps que les cidres pétillants à l'effervescence artificielle. Ces derniers, auxquels l'effervescence est artificiellement ajoutée par l'incorporation de gaz carbonique, présentent généralement des bulles uniformes et plus grossières que les cidres mousseux de façon naturelle.

L'odorat

On peut reconnaître et juger un bon cidre simplement avec son nez, en captant les odeurs les plus subtiles comme les plus expressives et en saisissant toutes ses nuances.

Dans une certaine mesure, le mélange des différents parfums nous prépare aux saveurs et aux arômes qui suivront en bouche. L'odorat peut aussi être un indicateur du taux d'alcool et d'acidité, et également permettre de saisir des défauts, s'il y a lieu (odeur de vinaigre, d'œuf pourri, de champignon). Il faut donc prendre le temps de humer délicatement en s'appropriant tous les parfums libérés par le cidre.

On classe les odeurs en fonction du degré d'intensité perçu sur une échelle allant de faible à intense; on emploiera également différents qualificatifs pour étayer nos perceptions olfactives : pauvre, subtil, délicat, fin, franc, expressif, marqué, creux, fermé, bien dosé, généreux, vigoureux, intense, épanoui, prenant, prononcé.

Voici quelques exemples de perceptions olfactives et gustatives que peut générer la dégustation du cidre :

Acide : acide ascétique (vinaigre), citron, citronné, lime, pomme fraîche, pomme verte, rhubarbe

Animal : cuir, étable

Beurre : beignet aux pommes, beurre frais, brioche, pâtisserie

Boisé : érable, pain grillé, vanillé

Épicé : cannelle, fines herbes, girofle, muscade, pain d'épice, poivre

Fermenté : champignon, levure, pain, pâte

Floral : fleurs blanches, fleur d'oranger, pivoine, rose, violette

Fongique : cave humide, champignon, moisissure

Fruité : abricot, agrumes, ananas, banane, compote de pommes, figue, fraise, fruits confits, fruits en compote, fruits exotiques, fruits séchés, groseille, marmelade, melon, muscat, pamplemousse, pêche, petits fruits, poire, pomme cuite, pomme fraîche, pomme « trop mûre », pomme verte, tangerine

Fumé : brûlé, feuille morte, noix

Herbacé : foin, paille humide

Minéral : calcaire, métal, pierre

Noix : amande, châtaigne grillée, noisette, noix grillée

Sucré : caramel, crème brûlée, miel, pomme en tire, sirop d'érable, sucre cuit, sucre d'orge, tarte aux pommes, rhum

Végétal : concombre, feuillage, navet, oignon

Vineux : alcool distillé

Le goût

Après avoir bien contemplé et humé le cidre, le moment est venu de se mouiller les lèvres et de prendre une gorgée qui permettra au liquide de bien se distribuer dans la bouche, en avalant lentement, en vue d'apprécier les subtilités et en prenant le temps de s'attarder à la persistance et à la longueur des arômes en bouche.

Les arômes : dominent en bouche pendant la dégustation (voir le tableau traitant des perceptions olfactives et gustatives à la page 42, suggérant des arômes). On dira qu'un cidre est simple, si l'on ne perçoit qu'un seul arôme dominant, mais qu'il est complexe en fonction du nombre d'arômes relevés. Puis la persistance (durée) de ces sensations en bouche sera prise en compte lors de la dégustation (de courte à longue).

De même que pour le vin, on statuera également sur le caractère du cidre, à savoir s'il est léger, mi-corsé ou corsé; on utilisera également d'autres attributs pour décrire le caractère du cidre : puissant, délicat, doux, robuste, charpenté, profond, agressif.

Goût des bulles : le gaz carbonique que l'on ajoute au cidre pétillant de manière artificielle présente un goût légèrement acidulé, qui se retrouvera dans le cidre.

Les Caudalies

On utilise le terme « caudalie » pour définir la longueur et la persistance des arômes en bouche. Il s'agit de l'unité de mesure correspondant à une seconde de persistance aromatique. On dira que la persistance est courte, si elle dure moins de 2 secondes; moyenne, si elle dure de 3 à 4 secondes et longue, si l'on compte plus de 5 secondes. Il est à noter que plusieurs cidres de glace offriront plus de 60 caudalies !

Val Caudalies, vignoble et cidrerie

La langue et les saveurs de base

Avant de se lancer en dégustation, il faut s'assurer tout d'abord de bien maîtriser la localisation sur la langue des différentes zones de perception

Localisation de la perception des quatre saveurs sur la langue

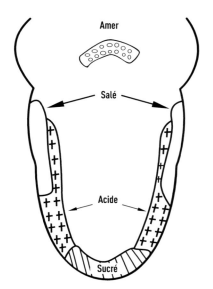

Temps de persistance des différents goûts

• **Amer :** 5 et au-delà de 10 secondes (peut être long à apparaître)
• **Salé et acide :** 5 à 10 secondes
• **Sucré :** 2 à 3 secondes

La langue perçoit quatre saveurs fondamentales : acidulée, sucrée, amère et salée.

La saveur sucrée se perçoit sur le bout de la langue et dès le contact avec le liquide; cette sensation ne dure pas très longtemps.

La saveur salée se perçoit sur les côtés de la langue et ne dure qu'un court laps de temps.

La saveur acide, elle, est aussi perçue par les côtés de la langue et assez rapidement également, mais dure plus longtemps que la saveur sucrée.

Quant à **la saveur amère**, elle est perçue à l'arrière de la langue; elle prend plus de temps à se développer et persiste plus longtemps.

Il ne faut pas confondre l'astringence, qui prend également quelques secondes à se développer, avec la saveur amère, car l'astringence est plutôt une sensation tactile causée par les tannins du cidre, qui crée une rugosité et peut assécher la bouche. On tentera donc d'identifier à la dégustation différentes caractéristiques du cidre, telles que la teneur en sucre, la vivacité de l'acidité, la présence de l'amertume, l'astringence des tannins ainsi que l'exubérance des arômes et la chaleur de l'alcool, tout en déterminant si une de ces composantes est prédominante ou si l'on perçoit l'équilibre. On portera attention, pendant la dégustation, à quatre différentes catégories de sensations gustatives.

Le toucher

Le toucher entre en action simultanément avec celui du goût. La texture du cidre présentera différentes caractéristiques en fonction des impressions tactiles dues à l'astringence des tanins, la perception de chaleur de l'alcool, la fraîcheur des arômes et de l'acidité, l'effervescence et la consistance du cidre.

Impressions tactiles

Consistance : fin, soyeux, gras, suave, charnu, fondu, velouté, ample, plein, souple, onctueux et riche, sirupeux, sec, dense, lourd, maigre, mince, rond, satiné, liquoreux, moelleux

Fraîcheur due aux arômes et à l'acidité : mordant, vif, acidité piquante, frais, rafraîchissant, belle vivacité, aérien

Chaleur due à l'alcool : costaud, fort, corsé

Astringence due aux tanins : âcre, rude, dur, tendre, astringent

Effervescence : le cidre sera plat (ou tranquille) s'il y a absence de bulles, sinon effervescent. Dans ce dernier cas, on portera attention à l'allure des bulles. En effet, on décrira les bulles comme étant élégantes, légères, fines, persistantes, abondantes, grossières, épaisses, suaves, costaudes et vives, persistantes et fraîches, fines et soyeuses ou discrètes.

L'ouïe

L'ouïe n'est peut-être pas le sens le plus stimulé par la dégustation, mais il ne faut pas oublier qu'elle joue tout de même un rôle indéniable dans l'appréciation du cidre en général. En effet, le son du bouchon que l'on retire, des bulles éclatant à la surface, du cidre que l'on verse et des échanges entre convives ne peut rendre qu'encore plus festive cette fête qu'est la dégustation.

D'ailleurs, il peut être très pertinent de noter dans un cahier ou sur des fiches de dégustation ses impressions sur le cidre dégusté et de commenter l'harmonie entre les mets et les cidres, s'il y a lieu. Il s'agit d'une façon simple de maîtriser rapidement le vocabulaire de dégustation et de développer sa mémoire sensorielle, tout en se souvenant de ses belles découvertes pour les réitérer et les partager encore. (Voir fiche de dégustation à la page 49)

Les verres

Verres inao : style tulipe, ouverture étroite pour emprisonner le bouquet.

Verres à vin blanc : pour les cidres plats; on ne veut pas un trop gros verre puisque l'on sert le cidre froid; il vaut mieux se resservir.

Flûtes à bière : pour un cidre léger et pétillant, sans prétention.

Verres old fashion (verres à whisky) : pour les apéritifs de pomme à servir sur glace.

Coupes de petit volume, à porto ou à liquoreux : pour le cidre de glace.

Flûtes à champagne : pour les cidres mousseux.

Température

Les cidres de glace sont bons frais (entre 5 et 7°C), mais il faut aussi les essayer à des températures plus tempérées, entre 8 et 12°C, ce qui permet réellement de découvrir toute leur saveur et leur complexité.

On servira les mousseux entre 4 et 6°C; le cidre tranquille liquoreux, demi-sec et sec, à 5 à 11 % d'alcool, entre 4 et 10°C; le cidre tranquille plus charnu et plus alcoolisé devrait être servi frais mais pas trop, entre 12 et 18°C, pour permettre aux arômes de s'exprimer et à la texture moelleuse d'être à son meilleur.

La notion de millésime

Une large part des bouteilles de cidre artisanal affiche le millésime duquel elles sont issues. L'année mentionnée sur l'étiquette correspond à l'année de la culture et de la récolte des pommes ayant servi à l'élaboration du cidre. Cette donnée est intéressante à plusieurs niveaux : elle permet de distinguer les cidres en jeunesse des cidres ayant fait l'objet d'un vieillissement. Le millésime permet aussi de se référer à la qualité de la production pomicole ou aux conditions météorologiques d'une année particulière; cette donnée permet également de suivre l'évolution des produits d'un même producteur ou de comparer la production de divers producteurs d'année en année. Une bouteille millésimée ne peut avoir été élaborée à partir des pommes de plus d'une récolte.

Place à la dégustation
Découvrez plus de 100 cidres du Québec

Fiche de dégustation du cidre du Québec

Date de dégustation : _____

Nom du cidre : _____

Type de cidre : _____

Producteur, région : _____

Variétés de pommes : _____

Année de récolte : _____

% alcool/volume : _____

Prix d'achat : _____

Format de bouteille : _____

1 – Aspects visuels (couleur et intensité, limpidité, consistance, effervescence) _____

_____

_____

2 – Au nez (parfum, intensité) _____

_____

_____

3 – En bouche (saveur, arôme, texture, caractère, persistance) _____

_____

_____

4 – Complexité (simple à complexe) _____

_____

_____

5 – Appréciation générale _____

_____

_____

6 – Accompagnement / accord (description) _____

_____

_____

Appréciation de l'accord (excellent, très bon, bon, ordinaire, mauvais) _____

Commentaires : _____

_____

Les sommeliers
et la dégustation

Les pages qui suivent se veulent un guide pratique et accessible autant pour l'amateur que pour le professionnel. Les sommeliers ont mis beaucoup de soin et de respect pendant les dégustations, car ils connaissent l'effort, le cœur et la passion des producteurs au moment d'élaborer leurs produits.

Guy Bourbonnière et Cory Ciona

Critères et méthodologie
Le pointage des produits a été fait selon les standards et les critères d'un système international de dégustation.

Étant donné que le cœur d'une pomme a cinq pépins en forme d'étoile, un pointage de 0 à 5 pépins a été établi.

Les pépins ont été accordés comme suit : 20 % pour l'aspect visuel, 20 % pour l'aspect olfactif, 40 % pour l'aspect gustatif, 10 % pour la présentation et 10 % pour le rapport qualité-prix.

Chaque produit a été dégusté à l'aveugle dans des conditions optimales; température de service, luminosité idéale de la pièce et silence complet.

Ils ont regoûté plusieurs produits après l'oxygénation afin d'avoir une évaluation juste et réelle.

Légende

Le coût des différents cidres
$ 0 à 20 $

$$ 21 à 35 $

$$$ 36 $ et plus

Disponible à la SAQ

Note de dégustation (de 0 à 5 pépins)

Cidre de glace

Cidre de glace

Cidre élaboré à partir de moût de
pomme concentré exclusivement par
le froid naturel de nos hivers.

L'Art du Givre 2007
Cidre de Glace

Couleur jaune doré profonde, scintillant, clair et limpide. Très aromatique et riche, avec des notes de poire, pomme verte et calvados. Riche et rond en bouche, gras, nous rappelle la poire Bartlett mûre. Belle longueur et finale élégante.

Nous avons apprécié ce cidre pour sa richesse, son équilibre et sa complexité.

Producteur et région : Vergers Lacroix, Saint-Joseph-du-Lac

Variétés de pommes : Plusieurs variétés

% alcool : 12

Format de bouteille : 375 ml

$$$

Accompagnement
Desserts, crème glacée, foie gras

Notes : 4,5 sur 5 pépins

Givre de St-Joseph 2007
Cidre de Glace

Belle brillance, teinte dorée, reflets cristallins. Au nez, on retrouve des notes de pomme caramélisée, poire et cognac. En bouche, on retrouve une belle rondeur, bien équilibré, goût de caramel
légèrement fumé, belle fraîcheur et sucre bien balancé.

Nous avons apprécié ce cidre pour ses qualités aériennes et d'équilibre.

Producteur et région : Vergers Lacroix, Saint-Joseph-du-Lac

Variétés de pommes : Plusieurs variétés

% alcool : 10

Code SAQ : 10499634

Format de bouteille : 375 ml

$$

Accompagnement
Fondant au chocolat, fruits
séchés, fromages mi-forts

Notes : 4 sur 5 pépins

❀ ❀ ❀ ❀

Friga
Cidre de Glace

Jaune foncé ambré, cristallin. Arômes de miel, pomme rouge cuite et sirop d'érable. En bouche, ce cidre est délicat, rond et aérien, pomme cuite réduite, belle expression, avec une finale bien équilibrée.

Nous avons apprécié ce cidre pour sa légèreté et son expression distinguée et fine.

Producteur et région : Vergers Écologiques Philion, Hemmingford

Variétés de pommes : 5 variétés

% alcool : 10

Format de bouteille : 500 ml

$$

Accompagnement
Pâté de foie gras, fromages bleus et desserts

Notes : 4 sur 5 pépins

❋ ❋ ❋ ❋

Cryo
Cidre de Glace

Belle robe ambrée, reflet doré, brillant. Très expressif au nez avec des arômes de pomme verte croquante et cassonade.

Rond et sirupeux, équilibre parfait entre le goût de miel frais et la pomme verte.

Ce cidre est très apprécié pour son équilibre parfait et son caractère classique de cidre de glace. Ce producteur a pris soin de tous les détails. Bravo !

Producteur et région : Cidrerie Inc., Mont-Saint-Hilaire

Variétés de pommes : McIntosh 70 %, Spartan 20 %, Empire 10 %

% alcool : 11

Format de bouteille : 375 ml

$$

Accompagnement
Terrine de foie gras, chèvre chaud et tarte tatin

Notes : 5 sur 5 pépins

Domaine Lafrance
Cidre de Glace

Jaune or, étincelant. Arômes gourmands de cassonade et pomme verte. Belle acidité en bouche, marquée par un goût de caramel blanc. Puissant et équilibré.

Ce cidre est apprécié pour sa clarté et sa longueur en bouche.

Producteur et région : Domaine Lafrance, Saint-Joseph-du-Lac

Variétés de pommes : Plusieurs variétés

% alcool : 10,5

Code SAQ : 733600

Format de bouteille : 375 ml

$$

Accompagnement
En apéritif avec un fromage affiné ou une terrine relevée

Notes : 4 sur 5 pépins

Le Glacé 2003
Cidre de Glace

Doré avec des reflets légèrement ambrés. Nez un peu discret, arômes de pommes cuites et épices douces.

Ce cidre se démarque par son goût de chausson au pomme et sa persistance marquée.

Il est très apprécié pour son goût évolué et sa fraîcheur.

Producteur et région : Verger de la Colline, Sainte-Cécile de Milton

Variétés de pommes : McIntosh, Spartan, Empire

% alcool : 10

Code SAQ : 10220445

Format de bouteille : 375ml

$$

Accompagnement
Pâtisserie fine ou gâteau
à la mousse de fruits

Notes : 3,5 sur 5 pépins

Bonhomme Hiver
Cidre de Glace

Ambré foncé, belle brillance. Arômes empyreumatiques et pommes rouges mûres. Goût de pomme et poire. Court en bouche, acidité peu marquée.

Ce cidre est moyennement apprécié à cause de son manque de structure et d'équilibre.

Producteur et région : Verger Clément Larivière, Saint-Théodore d'Acton

Variétés de pommes : Plusieurs variétés

% alcool : 12,5

Code SAQ : 10705776

Format de bouteille : 375 ml

$

Accompagnement
Fromages forts et desserts

Notes : 2,5 sur 5 pépins

Clos Saragnat 2005
Cidre de Glace

Couleur tuilée, reflets de brique rouge. Nez de miel, sucre brun, abricot et fruits séchés. Goût de pomme verte, sirop d'érable et caramel brun, avec une touche de whisky écossais. Belle acidité marquée, bien fondue avec le sucre.

Ce cidre est apprécié pour son équilibre, sa longueur et sa personnalité unique.

Producteur et région : Clos Saragnat, Frelighsburg

Variétés de pommes : Plus anciennes, pommes sauvages résistent à l'attaque de pucerons

% alcool : 11

Format de bouteille : 200 ml

$$

Accompagnement
En digestif avec les desserts et poire flambée

Notes : 4 sur 5 pépins

Neige 2006
Cidre de Glace

Robe dorée, reflet de bouton d'or. Très expressif, on retrouve des arômes de pomme fraîche, poire blanche et miel. Frais en bouche, rond et gras. Belle matière et longueur persistante.

Ce cidre est très apprécié grâce à sa complexité et son harmonie globale. Près de la perfection.

Producteur et région : La Face Cachée de la Pomme, Hemmingford

Variétés de pommes : McIntosh, Spartan

% alcool : 10

Code SAQ : 883975

Format de bouteille : 500 ml

$$

Accompagnement
En apéro ou avec les fromages légèrement noisettés

Notes : 4,5 sur 5 pépins

Frimas 2007
Cidre de Glace

Doré foncé, belle brillance. Arôme de pomme et poire, cognac. Rond et moelleux, goût de pomme enrobée dans le caramel; finale de sucre blanc. Belle structure.

Ce cidre a plu par son charme et sa longueur, avec des arômes évolués d'eau-de-vie.

Producteur et région : La Face Cachée de la Pomme, Hemmingford

Variétés de pommes : McIntosh, Spartan

% alcool : 10

Code SAQ : 742627 SAQ

Format de bouteille : 375 ml

$$$

Accompagnement
Foie gras ou simplement en dessert

Notes : 4 sur 5 pépins

L'original Clos Saragnat 2005
Cidre de Glace

Couleur ambrée, madère, orangé avec une belle brillance. Intenses arômes de pommes cuites, tarte aux pommes, champignons et épices douces. Le bois fait ressortir les goûts de vanille, zeste d'orange et caramel anglais. En bouche, c'est ample et riche, juteux, avec une acidité marquée. Notes de cassonade et compote de pommes.

Ce cidre est très bien fait. Il peut se conserver et, avec les années, son goût se développera puisque son acidité se dispersera.

Producteur et région : Clos Saragnat, Frelighsburg

Variétés de pommes : Plus anciennes, pommes sauvages résistent à l'attaque de pucerons

% alcool : 11

Format de bouteille : 200 ml

$

Accompagnement
Foie gras poêlé servi avec une gelée de pommette, avec les desserts aux fruits

Notes : 4,5 sur 5 pépins

Magie de Glace
Cidre de Glace

Perlant à première vue, probablement causé par un micro-organisme lors de l'embouteillage; doré brillant. Arôme de pomme fraîche, légèrement cuite. En bouche, on retrouve la cassonade et le sucre d'orge; finale tout en fraîcheur.

Ce cidre est agréable, mais manque de structure; offre une belle fraîcheur.

Producteur et région : Domaine des Glaces, Saint-Joseph-du-Lac

Variétés de pommes : Plusieurs variétés

% alcool : 12

Code SAQ : 11004031

Format de bouteille : 375 ml

$$

Accompagnement
Apéro, dessert ou noix

Notes : 3 sur 5 pépins

❋ ❋ ❋

Cryomalus 2007
Cidre de Glace

Couleur jaune doré, belle viscosité, un peu trouble. Très aromatique, pomme fraîche, caramel et cassonade. En bouche, note agréable de fruits frais, tarte aux pommes et caramel; manque d'acidité en finale.

Ce cidre est un peu court pour le prix; offre des aspects intéressants en bouche, mais les arômes tombent vite.

Producteur et région : Antolino Brongo, Saint-Joseph-du-Lac

Variétés de pommes : McIntosh 54 %, Cortland 20 %, Lobo 12 %, Spartan 12 %, Empire 2 %

% alcool : 10

Code SAQ : 11002626

Format de bouteille : 375 ml

$$

Accompagnement
Fromages à pâtes semi-ferme ou crémeux, foie gras, desserts aux fruits, chocolat noir

Notes : 3 sur 5 pépins

✿ ✿ ✿

Grand Frisson 2007
Cidre de Glace

Robe jaune clair or. Aromatique, herbacé avec des notes de fruits frais. En bouche, c'est délicat; goût de pomme épicée. Finale courte et manque un peu de matière.

Ce cidre est beau à regarder; il nous offre des arômes complexes, mais la bouche est courte et déconstruite.

Producteur et région : Château Taillefer Lafon, Ste Dorothée, Laval

Variétés de pommes : McIntosh, Royal Gala, Spartan, Empire, Cortland, Golden Russet

% alcool : 7

Format de bouteille : 375 ml

$

Accompagnement
Desserts et fromages

Notes : 3 sur 5 pépins

Pomme de Glace Original
Cidre de Glace

Robe ambre foncé, reflet doré. Arôme de pomme McIntosh fraîche. En bouche, c'est délicat; on retrouve la poire Bartlett, arrière-goût métallique.

Ce cidre est juteux et offre des arômes intéressants, mais la finale nous laisse sur notre faim.

Producteur et région : Clos St-Denis, Saint-Denis-sur-Richelieu

Variétés de pommes : McIntosh, Cortland, Spartan, Royal Gala

% alcool : 11

Code SAQ : 591297 SAQ

Format de bouteille : 375 ml

$$

Accompagnement
Apéritif ou digestif, avec les desserts et les fromages

Notes : 3 sur 5 pépins

Tempête
Cidre de Glace

Très limpide avec des reflets dorés. Peu expressif au nez; notes de pomme évoluées, calvados et chêne. Note de fruits en compote et cognac.

Ce cidre est amusant avec une belle fraîcheur et des notes évoluées d'eau-de-vie avec une fraîcheur vivifiante.

Producteur et région : Cidrerie du Verger Gervais Labelle, Saint-Joseph-du-Lac

Variétés de pommes : Toutes les Délicieuses

% alcool : 10

Format de bouteille : 375 ml

$$

Accompagnement
Apéritif, avec les croustades aux fruits ou chocolat

Notes : 4 sur 5 pépins

Petit Frisson 2005
Cidre de Glace

Robe dorée foncé, reflet de porto tawny. Arômes de pommes réduites et poire. Ananas et vanille. Goût de pomme cuite, minéral et juteux.

Ce cidre offre une belle onctuosité; acidité et puissance bien dosées. Original avec une bonne longueur.

Producteur et région : Les Vergers Petit & Fils, Mont-Saint-Hilaire

Variétés de pommes : McIntosh, Cortland, Empire, Golden Russet

% alcool : 10

Code SAQ : 10320972

Format de bouteille : 375 ml

$$

Accompagnement
Foie gras poêlé, fromages forts et desserts

Notes : 4 sur 5 pépins

✻ ✻ ✻ ✻

Domaine Pinnacle 2006
Cidre de Glace

Robe jaune pâle. Arômes de pomme verte, miel et érable. Rond et riche en bouche, marqué par une pointe d'acidité.

Ce cidre est long, et on ressent bien l'alcool. Acidité un peu trop marquée.

Producteur et région : Domaine Pinnacle, Frelighsburg

Variétés de pommes : Plusieurs variétés

% alcool : 12

Code SAQ : 734269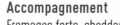

Format de bouteille : 375 ml

$$

Accompagnement
Fromages forts, cheddar, bleu, avec les plats asiatique

Notes : 3,5 sur 5 pépins

Réserve d'Éole 2007
Cidre de Glace

Couleur ambre belle brillance. Nez de pomme cuite et chêne, légèrement végétal. En bouche, on retrouve des notes de caramel, sucre d'orge et croustade aux pommes.

Ce cidre a été dorloté, on le sent. Belle acidité et fraîcheur. Finale d'épices douces et caramel qui nous réconforte à chaque gorgée.

Producteur et région : Val Caudalies, vignoble et cidrerie, Dunham

Variétés de pommes : Empire, Liberty, Spartan

% alcool : 10

Code SAQ : 11096765

Format de bouteille : 375 ml

$$

Accompagnement
Foie gras, terrines, pâtés, desserts et chocolat

Notes : 4 sur 5 pépins

❀ ❀ ❀ ❀

Mont de Glace
Cidre de Glace

Couleur doré clair, brillant. Arômes de pomme mûre cuite, alcool et acide volatile. Belle fraîcheur en bouche, confituré pomme verte et cassonade.

Ce cidre présente une belle finesse et une persistance agréable.

Producteur et région : Cidrerie Léo Boutin, Mont Saint-Grégoire

Variétés de pommes : Cortland, Empire, McIntosh

% alcool : 11

Code SAQ : 742676 SAQ

Format de bouteille : 375 ml

$

Accompagnement
Avec les desserts, et fromages affinés

Notes : 3,5 sur 5 pépins

Macle
Cidre de Glace

Robe ambrée limpide, belle brillance. Aromatique et minéral, notes de pomme cuite et cognac. La bouche est toute en finesse, rond avec des saveurs de pomme et de poire fraîches.

Ce cidre est bien équilibré, souple et charmeur. Offrant une expérience gustative intéressante mais un peu court en bouche.

Producteur et région : Intermiel, Mirabel

Variétés de pommes : Plusieurs variétés.

% alcool : 10,5

Format de bouteille : 375 ml

$

Accompagnement
Avec les pommes flambées, fromages forts, et chocolat noir

Notes : 4 sur 5 pépins

Gaïa
Poiré de Glace

Jaune clair. Nez séduisant de poire verte légèrement florale. En bouche, on retrouve le muscat et la poire sucrée avec une touche d'amertume.

Beau produit, original, nez complexe très plaisant; manque un peu d'acidité pour la fraîcheur.

Producteur et région : Vergers Écologiques Philion, Hemmingford

Variétés de pommes : Flemish Beauty (Poire)

% alcool : 11

Format de bouteille : 500 ml

$$

Accompagnement
Fromage bleu, chocolat noir et pain d'épices

Notes : 3,5 sur 5 pépins

❋ ❋ ❋ ❧

L'Exotique
Cidre de Glace

Robe dorée profonde. On ressent des notes de fruits exotiques au nez, par contre les arômes sont discrets. Goût de sucre d'orge et carambole.

Ce cidre est plaisant mais sans plus, peu complexe mais pas désagréable.

Producteur et région : Les Vergers de la colline, Sainte-Cécile de Milton

Variétés de pommes : Jaune Délicieuse, Gala

% alcool : 7,5

Format de bouteille : 375 ml

$$

Accompagnement
Tartes aux fruits, desserts et fromages doux

Notes : 3 sur 5 pépins

Glace du Verger 2003

Cidre de Glace

Couleur ambre et scintillant. Attaque de pomme verte au premier nez suivie de poire. Belle fraîcheur en bouche amenée par la McIntosh avec une finale d'ananas.

Ce cidre est frais et rond. Le goût est agréable mais déconstruit; on ressent la pomme d'un côté et le sucre de l'autre.

Producteur et région : Cidrerie St-Nicolas, Saint-Nicolas

Variétés de pommes : Plusieurs variétés

% alcool : 7

Code SAQ : 734061

Format de bouteille : 375 ml

$

Accompagnement
Porc braisé aux pommes, desserts et fromages

Notes : 3 sur 5 pépins

Domaine Lafrance, cuvée spéciale 2007
Cidre de Glace

Belle robe ambre foncé et reflet doré. Nez de pomme cuite et cannelle, pomme rouge caramélisée. Sirupeux, riche. Goût de cassonade et finale intense et équilibrée. Nous rappelle la pomme trempée dans le sucre d'orge de notre enfance.

Ce cidre est très apprécié, surtout pour sa richesse et son équilibre. Belle longueur et puissance.

Producteur et région : Domaine Lafrance, Saint-Joseph-du-Lac

Variétés de pommes : Plusieurs variétés

% alcool : 10

Code SAQ : 10438778

Format de bouteille : 375 ml

$$$

Accompagnement
Foie gras poêlé, chocolat noir ou digestif

Notes : 4 sur 5 pépins

Givré
Cidre de Glace

Couleur jaune miel, brillant. Arômes de poire, carambole et bonbon. Bouche fruitée, sucre blanc et carambole. Un peu artificiel; plus sur une dominante de sucre que de pomme.

Ce cidre est gourmand, mais on ne sent pas l'expression de la pomme; quand même bien fait.

Producteur et région : Domaine Félibre, Stanstead

Variétés de pommes : MacBarry, PaulaRed, Melba

% alcool : 10,5

Code SAQ : 110438866

Format de bouteille : 375 ml

$$

Accompagnement
Fromages de chèvre et bleu,
desserts aux pommes
ou framboises

Notes : 3 sur 5 pépins

❄ ❄ ❄

Cristal de glace
Cidre de Glace

Robe jaune dorée. Arômes très floraux, pétale de rose, jasmin et miel brut. En bouche, on retrouve les notes de miel et rose, gourmand, mais pas très complexe.

Ce cidre est marqué par des notes florales intéressantes mais on cherche la pomme. L'acidité est faible et la structure manquante.

Producteur et région : Domaine Steinbach, Île d'Orléans

Variétés de pommes : Empire, Spartan, McIntosh, Lobo, Cortland

% alcool : 9,5

Format de bouteille : 375 ml

$$

Accompagnement
Tarte tatin ou charlotte
au chocolat

Notes : 2,5 sur 5 pépins

L'igloo
Cidre de Glace

Couleur jaune doré pâle. Arômes de pomme rouge et canneberge. Goût de jus de pomme frais et poire Bartlett. Équilibré et plaisant; bien fondu.

Ce cidre est pur, pas très complexe, mais franc et agréable.

Producteur et région : Domaine Orléans, Île d'Orléans

Variétés de pommes : McIntosh, Lobo, Cortland, Polared, Spartan

% alcool : 10

Code SAQ : 10867492

Format de bouteille : 375 ml

$

Accompagnement
Apéro ou avec desserts aux fruits

Notes : 3,5 sur 5 pépins

Cuvée Précieuse 2007
Cidre de Glace

Robe jaune brillante. Nez complexe d'abricot, thé vert, sous-bois et miel. Malheureusement, la bouche ne suit pas la complexité du nez. Goût de sucre d'orge, rond avec une finale végétale.

Ce cidre au nez est très intéressant, car il se démarque par son originalité. Par contre, la bouche nous laisse sur notre appétit.

Agréable et distinct.

Producteur et région : Vergers de la Colline, Sainte-Cécile de Milton

Variétés de pommes : Golden Russet.

% alcool : 10

Format de bouteille : 200 ml

$$

Accompagnement
Fruits confits, pâtés
et fromages doux

Notes : 3 sur 5 pépins

Nectar de glace
Cidre de Glace

Couleur tuilée. Arômes intenses de pomme rouge, noix de coco et épices douces. Très juteux, pomme verte et jasmin. Belle fraîcheur très agréable.

Ce cidre exprime bien l'essence de la pomme, bien équilibré, droit et fondu.

Producteur et région : Verger Bilodeau, Île d'Orléans

Variétés de pommes : Plusieurs variétés

% alcool : 9

Format de bouteille : 375 ml

$

Accompagnement
Crème brulée, chocolat noir et foie gras en terrine

Notes : 4 sur 5 pépins

Le fruit défendu 2007

Cidre de Glace

Robe dorée cristalline. Nez boisé un peu discret sur le fruit. Goût de sucre brûlé, pomme cuite réduit et sous-bois. Belle finale, mais manque d'acidité.

Ce cidre est beau à regarder, il brille tel un rayon de soleil dans le verre. Nez évolué mais court. Belle longueur, un peu gourmand.

Producteur et région : La Pommeraie du Suroît, Franklin

Variétés de pommes : McIntosh, Spartan, Empire

% alcool : 9

Format de bouteille : 375 ml

$

Accompagnement
Croustade aux pommes,
fromages doux et chocolat

Notes : 3 sur 5 pépins

Folie de glace
Cidre de Glace

Couleur ambre, légèrement tuilé. Arôme d'abricot et caramel brûlé. Bonne première bouche, épices douces, caramel. Finale un peu courte.

Ce cidre est intéressant à cause de ses notes évoluées d'épices et de sous-bois; par contre, sa finale nous laisse sur notre appétit.

Producteur et région : La Cidrerie du Village, Rougemont

Variétés de pommes : Plusieurs variétés

% alcool : 10

Code SAQ : 10496812

Format de bouteille : 375 ml

$$

Accompagnement
En apéritif, avec fromages ou desserts

Notes : 3 sur 5 pépins

❃ ❃ ❃

Ace
Cidre de Glace

Robe ambre tirant sur le cuivre. Belle brillance. Nez discret de pomme et fruits tropicaux. Goût franc et équilibré. Pomme caramélisée, amande grillée et poire.

Ce cidre est agréable, fin et élégant. Bien équilibré, fondu, assez gourmand, avec une bonne longueur.

Producteur et région : Vignoble De Lavoie, Rougemont

Variétés de pommes : Plusieurs variétés

% alcool : 10

Code SAQ : 10348781

Format de bouteille : 375 ml

$

Accompagnement
Fromages doux et desserts au chocolat

Notes : 3,5 sur 5 pépins

Michel Jodoin 2006
Cidre de Glace

Robe dorée, pâle et claire, limpide. Arômes de pêche et sous-bois. Zeste d'orange et miel, bien équilibré, long et juteux. Légère amertume en finale.

Ce cidre est bien fait. Assez complexe, charmeur. Pas de défaut marqué. Présente des qualités originales.

Producteur et région : Cidrerie Michel Jodoin, Rougemont

Variétés de pommes : Empire, Smoothee, Golden Russet

% alcool : 9

Code SAQ : 10317415

Format de bouteille : 375 ml

$$

Accompagnement
Fromages à pâte persillée, desserts aux fruits sauvages

Notes : 3,5 sur 5 pépins

❋ ❋ ❋ ❧

Du Minot des glaces 2007
Cidre de Glace

Couleur dorée profonde. Arômes intenses de lychee, ananas avec des notes de champignon blanc. Ce cidre fait ressortir le goût de pomme cuite et caramel brûlé avec une belle fraîcheur, mais court en bouche.

Ce cidre est agréable pour son aspect aromatique complexe. Généreux et fin. Possibilité de faire de beaux accords.

Producteur et région : Cidrerie du Minot, Hemmingford

Variétés de pommes : Plusieurs variétés

% alcool : 10

Code SAQ : 733782

Format de bouteille : 375 ml

$$

Accompagnement
Foie gras, fromages affinés et desserts

Notes : 3,5 sur 5 pépins

Fine Pomme de glace
Cidre de Glace

Jaune ambré brillant, cristallin. Arômes de miel, chausson aux pommes et tabac. Goût de pomme enrobée dans le sucre d'orge, zeste d'orange et pomme mûre.

Nous avons beaucoup aimé ce cidre pour sa longueur, sa complexité et son équilibre. Présention superbe. Excellent travail !

Producteur et région : Clos Saint-Denis, Saint-Denis-sur-Richelieu

Variétés de pommes : McIntosh, Cortland, Spartan, Royal Gala

% alcool : 11

Code SAQ : 10502469

Format de bouteille : 375 ml

$$

Accompagnement
Fromage bleu, crème brulée et pâtisseries

Notes : 4 sur 5 pépins

✽ ✽ ✽ ✽

Du Minot des Glaces 2006
Cidre de Glace

Couleur ambre avec une teinte orange. Nez de figue et sous-bois, séduisant et frais. En bouche, ce cidre présente des notes de poire et pomme fraîches, orge brûlée, caramel et épices douces.

Ce cidre est remarquable, complexe et bien équilibré. À goûter absolument. Bravo !

Producteur et région : Cidrerie du Minot, Hemmingford

Variétés de pommes : Plusieurs variétés

% alcool : 10

Code SAQ : 10977202

Format de bouteille : 200 ml

$

Accompagnement
Tarte tatin de figue ou pomme,
fromage cheddar fondant

Notes : 5 sur 5 pépins

✳ ✳ ✳ ✳ ✳

Neige Éternelle 2006
Cidre de Glace

Belle couleur dorée, brillant. Arômes de cassonade, tirant sur la fine poire et la vanille. Goût de carambole, ananas et pomme mûre. Mûr et fondu, gras et bien équilibré.

Ce cidre est fin et original. Enrobé, on sent le bois bien fondu avec la pomme. Caractère unique.

Producteur et région : La Face Cachée de la Pomme, Hemmingford

Variétés de pommes : McIntosh, Spartan et six autres variétés de pommes anciennes

% alcool : 11

Code SAQ : 10808257

Format de bouteille : 375 ml

$$

Accompagnement
Foie gras poêlé, fromages ou en guise de dessert

Notes : 4 sur 5 pépins

Frissons de pomme
Cidre de Glace

Couleur dorée, orangée. Nez végétal, sous-bois, note de pomme réduit. Goût de jus de pomme frais et noisette.

Ce cidre est correct, marqué par un beau fruit, mais manque de structure.

Producteur et région : Les Artisans du terroir, St-Paul-d'Abbotsford

Variétés de pommes : Empire, Spartan, McIntosh, Racette, Délicieuse Rouge

% alcool : 9,5

Format de bouteille : 375 ml

$

Accompagnement
Fromages cheddar vieillis et Saint-Damase, gâteau renversé aux pommes et aux épices

Notes : 3 sur 5 pépins

Cidre de glace rosé
Cidre de Glace

Une belle robe rouge tawny, reflet cuivré. Arômes de pomme rouge cuite, cassonade. Vif et fruité, croustade aux pommes rouges et pelure de pomme rouge.

Belle couleur, nez très frais. Bouche gourmande dominée par une acidité trop élevée.

Producteur et région : Cidrerie Michel Jodoin, Rougemont

Variétés de pommes : Geneva

% alcool : 8

Code SAQ : 10550823

Format de bouteille : 375 ml

$$

Accompagnement
Chocolat noir et desserts aux pommes

Notes : 3,5 sur 5 pépins

❋ ❋ ❋ ❂

Verger de glace
Cidre de Glace

Couleur ambre, teinte rougeâtre. Arômes de crème brûlée, miel et épice. Goût de pomme rouge et caramel.

Belle couleur, nez séduisant. Acidité marquée qui cache la sucrosité; beau potentiel.

Producteur et région : Cidrerie La Pomme du St-Laurent, Cap-Saint-Ignace.

Variétés de pommes : Plusieurs variétés

% alcool : 9,5

Code SAQ : 10230643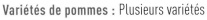

Format de bouteille : 375 ml

$$

Accompagnement
Foie gras et fromages fins

Notes : 3 sur 5 pépins

Spiritueux
de pomme

Spiritueux
de pomme

Qu'on appelle ici Brandy de pomme
(vieilli en fût de chêne) ou eau-de-vie
de pomme (non vieilli en fût de chêne).
Comme le fameux Calvados du département du Calvados, en France, un
cidre fort tranquille sera distillé par
un alambic et permettra de recueillir
un alcool de pomme.

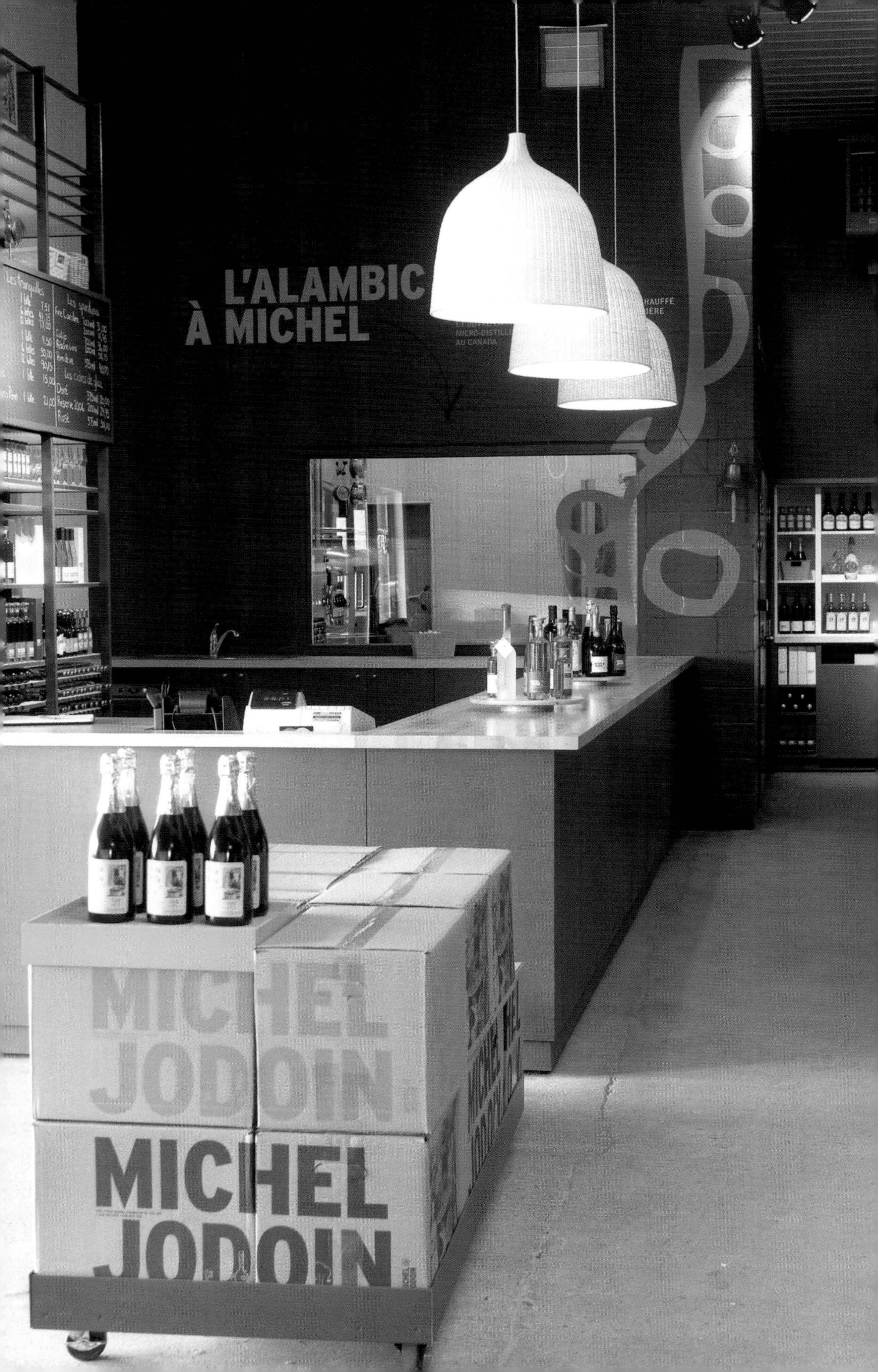
L'ALAMBIC
À MICHEL
AU CANADA
MICHEL
JODOIN
MICHEL
JODOIN

Calijo
Brandy de pommes

Jaune clair. Beau nez expressif de pomme et poire fraîches, notes de fût de chêne qui fait ressortir les effluves d'érable et de caramel. Le côté boisé vient enrober la pomme, ce qui lui confère des qualités de finesse d'un jeune calvados.

Superbe produit, bien fait. Finesse, complexité et potentiel de vieillissement intéressant.

Producteur et région : Cidrerie Michel Jodoin, Rougemont

Variétés de pommes : Cortland, lobo, empire.

% alcool : 40

Code SAQ : 577601

Format de bouteille : 700 ml

$$$

Suggestion
Digestif, trou normand

Notes : 4,5 sur 5 pépins

Cidre
effervescent

Cidre effervescent

Aussi nommé cidre mousseux, ou cidre
pétillant. Il peut être issu d'une prise
de mousse naturelle en bouteille ou
en cuve, ou bien de façon artificielle
par un ajout de gaz carbonique.

Bourgeon Doré
Cidre léger mousseux

Couleur doré foncé; peu de bulles. Arômes de pomme cuite mouillée, cassonade. Goût de pomme McIntosh vieillie.

Ce cidre pétillant nous a surpris au premier nez, élégant et complexe. À notre grande surprise, âpre quelques minutes. Il perd son effervescence et toute sa complexité.

Producteur et région : Domaine Lafrance, Saint-Joseph-du-Lac

Variétés de pommes : Plusieurs variétés

% alcool : 7

Code SAQ : 734087

Format de bouteille : 750 ml

$

Accompagnement
Apéritif, avec canapés

Notes : 2,5 sur 5 pépins

✳ ✳ ❥

Châteaulin
Cidre pétillant

Jaune clair limpide; légères bulles. Arômes discrets de pomme fraîche et poire. Bouche de faible intensité, pomme verte et sucre blanc.

Ce cidre pétillant est agréable mais offre peu de complexité. Les bulles semblaient faibles au visuel mais plus présentes en bouche.

Producteur et région : Cidrerie Léo Boutin, Mont-Saint-Grégoire

Variétés de pommes : Cortland, McIntosh

% alcool : 8

Code SAQ : 743583

Format de bouteille : 750 ml

$

Suggestion
En apéro, en cocktail

Notes : 3 sur 5 pépins

✽ ✽ ✽

Crémant Le Royal
Cidre léger mousseux

Jaune clair limpide; bulles pas très présentes; presque tranquille. Nez plaisant de pomme verte et thym. Court en bouche et manque de bulles. Jus de pomme et calvados.

Ce cidre pétillant manque de personnalité et d'expression. Il offre des arômes intéressants, mais sans plus.

Producteur et région : Cidrerie du Haut St-Jean, Beauce.

Variétés de pommes : Cortland, Lobo, Empire.

% alcool : 2,5

Format de bouteille : 750 ml

$

Suggestion
Dans un cocktail pour faire un Bellini

Notes : 2,5 sur 5 pépins

Crémant de Pomme du Minot
Cidre mousseux

Couleur jaune paille; belles bulles fines. Nez de pomme et clou de girofle. En bouche ce cidre est franc et juteux, rafraîchissant. Goût de jus de pomme mûre, acidité balancée.

Ce cidre est léger mais offre beaucoup de fraîcheur. Idéal pour éveiller les papilles à l'heure de l'apéro.

Producteur et région : Cidrerie du Minot, Hemmingford

Variétés de pommes : McIntosh de 35 ans

% alcool : 2,5

Code SAQ : 245316

Format de bouteille : 750 ml

$

Accompagnement
Apéritif ou au dessert

Notes : 4 sur 5 pépins

Domaine Lafrance 2008
Cidre mousseux gazéifié

Couleur jaune paille; bonne effervescence. Nez floral et fruité, pomme fraîche et épices douces. Belle complexité en bouche; on dénote la pomme caramélisée et la poire.

Ce cidre est plaisant, plein de fruit, complexe et bien équilibré. Bravo ! Très beau produit.

Producteur et région : Domaine Lafrance, Saint-Joseph-du-Lac

Variétés de pommes : McIntosh, Cortland et Golden Russet

% alcool : 9,5

Code SAQ : 10994782

Format de bouteille : 750 ml

$

Suggestion
Dans vos cocktails favoris ou en apéro

Notes : 4 sur 5 pépins

❋ ❋ ❋ ❋

Joie d'automne
Cidre fort mousseux

Jaune clair, reflets dorés, peu de mousse. Arôme complexe. En bouche, ce cidre présente une longueur moyenne avec le goût de pomme trempée dans le caramel.

Ce cidre est peu complexe, pas désagréable, mais manque d'équilibre.

Producteur et région : La Cidrerie du Village, Rougemont

Variétés de pommes : Plusieurs variétés

% alcool : 8

Code SAQ : 10233861

Format de bouteille : 750 ml

$

Suggestion
Servir frais comme apéritif, mélangé avec vin aux fruits

Notes : 2,5 sur 5 pépins

Cidre de l'Abbaye
Cidre mousseux

Au premier coup d'œil, ce cidre est trouble; belle mousse. Arôme discret de vanille réduit. En bouche, il offre une sensation lactée agréable; sec et vif.

Ce cidre est intéressant et offre une belle persistance avec un côté crémeux que nous avons trouvé original.

Producteur et région : L'Abbaye de Saint-Benoît-du-Lac, Saint-Benoît-du-Lac

Variétés de pommes : Plusieurs variétés

% alcool : 7

Format de bouteille : 750 ml

$

Accompagnement
Fromages de l'Abbaye

Notes : 3,5 sur 5 pépins

❀ ❀ ❀ ❀

Le Léger d'Éole
Cidre léger pétillant

Jaune pâle, fines bulles. Arômes de pomme, fraise et épices douces. Très belle mousse en bouche, plein avec des saveurs intenses de jus de pomme frais et les amandes.

Ce cidre est plaisant et offre des qualités uniques. Nous avons apprécié cet heureux mélange de fruits et de noix.

Producteur et région : Val Caudalies, vignoble et cidrerie, Dunham

Variétés de pommes : Cortland, McIntosh, Empire, Liberty, Spartan

% alcool : 5,5

Format de bouteille : 341 ml

$

Accompagnement
En apéro, avec une salade fraîche avec des noix

Notes : 3,5 sur 5 pépins

Bulle n° 1
Cidre pétillant

Couleur jaune clair, reflets dorés, plein de bulles. Complexes arômes de miel, pomme fraîche, levure et sous-bois. En bouche, une explosion de pomme, poire et ananas et caramel anglais.

Ce cidre est plaisant et assez complexe; par contre, une finale un peu courte.

Producteur et région : La Face Cachée de la Pomme, Hemmingford

Variétés de pommes : Northern Spy, Russet, Honey Gold

% alcool : 5

Code SAQ : 11086014 SAQ

Format de bouteille : 750 ml

$

Accompagnement
En apéro ou mélangé pour faire un Neige Royal

Notes : 3,5 sur 5 pépins

✽ ✽ ✽ ❧

Michel Jodoin Rosé
Cidre rosé mousseux

Belle mousse fine, pâle et claire. Nez de pomme fraîche, Geneva, avec une touche de cassonade. En bouche, on retrouve les saveurs de muscat, pomme verte, rouge et ananas. Très belle fraîcheur, avec une complexité marquée. Touche agréable de sucre en finale.

Ce cidre est glorieux ! Fraîcheur, équilibre, vraiment tout y est. À boire à l'apéro. Tous les jours d'été.

Producteur et région : Cidrerie Michel Jodoin, Rougemont

Variétés de pommes : Geneva

% alcool : 6,4

Code SAQ : 733394

Format de bouteille : 750 ml

$

Accompagnement
Apéritif, célébration, avec le sorbet aux fruits des champs

Notes : 4,5 sur 5 pépins

Le Léger
Cidre léger pétillant

Jaune pêche avec des reflets dorés. Arôme de pomme caramélisée réduit. En bouche, c'est herbacé, on sent bien la pomme verte. Bonne acidité en finale, ce qui lui confère beaucoup de fraîcheur.

Ce cidre est plaisant, original grâce à son côté herbacé. Par contre, les bulles tombent un peu vite.

Producteur et région : Casa Breton, Saint-Henri-de-Lévis

Variétés de pommes : Plusieurs variétés

% alcool : 5

Format de bouteille : 750 ml

$$

Suggestion
En occasion festive ou dans un cocktail

Notes : 3,5 sur 5 pépins

❋ ❋ ❋ ❧

Mckeown
Cidre léger pétillant

Couleur jaune clair, reflets dorés, peu de bulles. Complexes arômes de miel, pomme fraîche, levure et sous-bois. En bouche une explosion de pomme, poire et ananas. Un goût de bonbon anglais, et une touche de sucre qui enrobe l'acidité.

Ce cidre est très agréable et rond, offre une belle complexité aromatique. Fidèle au style des cidres irlandais.

Producteur et région : Domaine Leduc-Piedimonte, Rougemont

Variétés de pommes : McIntosh

% alcool : 6

Code SAQ : 10951571 SAQ

Format de bouteille : 750 ml

$

Suggestion
Pour le plaisir avec les amis sur une terrasse

Notes : 4 sur 5 pépins

✳ ✳ ✳ ✳

Pom' Or Tradition
Cidre léger pétillant

Couleur jaune brillant, mousse fine. Arômes de fleur blanche et croustade. Belle rondeur en bouche, pomme verte et ananas. Finale bien équilibrée et longue. Très beau produit !

Ce cidre est frais, équilibré et offre une belle complexité. Bulles présentes et enrobant.

Producteur et région : Cidrerie St-Nicolas, Saint-Nicolas

Variétés de pommes : Plusieurs variétés

% alcool : 7

Code SAQ : 733410

Format de bouteille : 750 ml

$

Accompagnement
En apéro, avec canapés ou desserts

Notes : 4 sur 5 pépins

St-Nicolas Rosé
Cidre rosé pétillant

Belle couleur saumonée, plein de bulles fines. Arômes de fleurs fanées, jus de pomme et cannelle. Goût de miel frais, ananas et cassonade. Belle finesse !

Ce cidre est tout à fait splendide, il offre des arômes complexes fondus et francs. Des goûts qui contrastent, mais qui se rejoignent en finale. Beau travail !

Producteur et région : Cidrerie St-Nicolas, Saint-Nicolas

Variétés de pommes : Plusieurs variétés

% alcool : 7

Code SAQ : 540930

Format de bouteille : 750 ml

$

Accompagnement
Idéal pour célébrer, ou avec les desserts et les fruits rouges en crème

Notes : 4,5 sur 5 pépins

Rosélianne
Cidre léger pétillant

Couleur rose pâle, belle brillance. Arômes de fraise et framboise, jus de pomme et fleurs blanches. Goût de framboise fraîche et pomme mûre, légère en amertume; agréable en rétro-olfaction, distinctif. Bonne persistance.

Ce cidre est parfumé et bien équilibré, fondu. Idéal pour des moments festifs.

Producteur et région : Verger Lacroix, Saint-Joseph-du-Lac

Variétés de pommes : Cidre et Framboise

% alcool : 6

Format de bouteille : 750 ml

$

Accompagnement
En apéro ou avec les salades
ou desserts aux framboises

Notes : 4 sur 5 pépins

✽ ✽ ✽ ✽

Céleste
Cidre pétillant

Couleur rose bonbon. Arômes de petits fruits rouges, canneberge et fraise. En bouche, léger goût de canneberge. Assez court et déconstruit.

Ce cidre est plutôt simple, les arômes sont pas mal mais en bouche, rien ne se rejoint. Et la finale tombe rapidement, laissant sur sa faim.

Que de l'acidité.

Producteur et région : Casa Breton, Saint-Henri-de-Lévis

Variétés de pommes : Pomme et fruits sauvages

% alcool : 7

Format de bouteille : 750 ml

$$

Accompagnement
En apéritif, avec les desserts aux fruits

Notes : 2 sur 5 pépins

Gabélianne
Cidre fort pétillant

Couleur jaune, avec des reflets de vert, plein de bulles. Son nez est herbacé, floral avec une touche de vanille. Très frais en bouche, avec des notes de pomme verte et ananas.

Ce cidre est très frais, éveille les sens et nous fait sourire. Équilibré, complexe, avec une finale herbacée. Beau travail !

Producteur et région : Verger Lacroix, Saint-Joseph-du-Lac

Variétés de pommes : Plusieurs variétés

% alcool : 8

Code SAQ : 10499642 SAQ

Format de bouteille : 750 ml

$

Suggestion
En Kir Royal du Québec, mélangé avec un hydromel au cassis ou framboise

Notes : 4 sur 5 pépins

❃ ❃ ❃ ❃

Saveurs d'Automne
Cidre pétillant

Couleur paille dorée. Odeur de pomme cuite et cannelle. Goût de levure et d'épices. Manque de structure et dilué.

Ce cidre nous laisse sur notre appétit, le premier nez nous faisait languir, mais en bouche, c'est plat et sans caractère.

Producteur et région : Casa Breton, Saint-Henri-de-Lévis

Variétés de pommes : Inconnues

% alcool : 7,5

Format de bouteille : 750 ml

$$

Accompagnement
En apéro ou avec des desserts

Notes : 2,5 sur 5 pépins

Crémant St-Nicolas
Cidre pétillant

Jaune pâle, peu de mousse à première vue. Nez floral, fruité, élégant. Rond en bouche, goût de pomme fraîche, poire et sucre blanc naturel.

Ce cidre est gourmand à souhait, bouche longue et enrobée. Acidité bien dosée, ce qui redonne de la fraîcheur. Belle finition.

Producteur et région : Cidrerie St-Nicolas, Saint-Nicolas

Variétés de pommes : Inconnues

% alcool : 2,8

Code SAQ : 565648

Format de bouteille : 750 ml

$

Accompagnement
En apéro avec les amuse-bouche ou avec une belle tarte aux pommes

Notes : 4 sur 5 pépins

❊ ❊ ❊ ❊

Grande Tentation
Cidre léger pétillant

Belle mousse fine, pâle et claire. Nez de pommes fraîches, Gala, McIntosh, avec une touche de cassonade. En bouche on retrouve les saveurs de muscat, pomme verte, rouge et ananas. Très belle fraîcheur, avec une complexité sans rivaux.

Ce cidre est bien agréable, belle structure aromatique, explosion de fruit et finale longue et complexe. Très bien fait, bravo !

Producteur et région : Cidrerie Michel Jodoin, Rougemont

Variétés de pommes : McIntosh

% alcool : 6,4

Code SAQ : 11002423

Format de bouteille : 330 ml

$

Accompagnement
Entre amis, en apéro ou avec des pâtes aux légumes grillés

Notes : 4,5 sur 5 pépins

❋ ❋ ❋ ❋ ❁

Cidre de glace effervescent

Cidre de glace effervescent

Cidre élaboré à partir de moût de pomme concentré exclusivement par le froid naturel de nos hivers. Son effervescence provient d'une prise de mousse naturelle en bouteille ou en cuve, ou bien par un ajout de gaz carbonique.

Du Minot des glaces mousseux 2003
Cidre de glace pétillant

Couleur jaune doré, ambré, éclat. Arômes persistantes de pomme cuite, cassonade et caramel. En bouche, c'est plein et enrobé. Bel équilibre avec beaucoup de fraîcheur. Amandes grillées, et sucre d'orge.

Un cidre pour toutes les occasions festives, droit et bien fait. N'hésitez pas à vous procurer quelques bouteilles !

Producteur et région : Cidrerie du Minot, Hemmingford

Variétés de pommes : McIntosh, Cortland, Empire, Liberty, Trent

% alcool : 10

Code SAQ : 10404826

Format de bouteille : 750 ml

$$$

Accompagnement
En apéro ou en cocktail, avec foie gras, ou desserts aux amandes

Notes : 4,5 sur 5 pépins

❀ ❀ ❀ ❀ ❂

Crémant de Glace
Cidre de glace pétillant

Couleur jaune doré. Arômes de pomme fraîche, cassonade et épices douces. Goût de pomme, caramel, cassonade. Rond, velouté.

Le cidre dans tous ses états ! Fin, élégant et goûteux. Bel équilibre, rond, avec une finale tout en dentelle. Superbe !

Producteur et région : Cidrerie du Minot, Hemmingford

Variétés de pommes : Plusieurs variétés

% alcool : 7

Code SAQ : 10530380

Format de bouteille : 375 ml

$$

Accompagnement
Avec foie gras, terrine
et tarte aux pacanes

Notes : 4,5 sur 5 pépins

❋ ❋ ❋ ❋ ❋

Domaine Pinnacle
Cidre de glace pétillant gazéifié

Couleur ambre brillant, peu de bulles. Arômes de pomme cuite, croustade. Goût de compote de pommes, pelure de pomme et sucre d'orge.

Ce cidre a un très bel habillage, chic et racé. Un peu déçu par le manque de bulles, mais charmé par les arômes de pomme réduit et de sucre d'orge.

Producteur et région : Domaine Pinnacle, Frelighsburg

Variétés de pommes : Plusieurs variétés

% alcool : 12

Code SAQ : 10341247 SAQ

Format de bouteille : 375 ml

$$

Accompagnement
En apéritif, en cocktail, avec foie gras et desserts

Notes : 3 sur 5 pépins

❄ ❄ ❄

Mousseux de glace
Cidre de glace mousseux

Jaune fluorescent; belle mousse. Arômes complexes de sous-bois et pomme cuite, cassonade. En bouche, ce cidre présente une belle longueur avec le goût d'une pomme trempée dans le sucre d'orge.

Ce cidre de glace pétillant est amusant et nous rappelle nos souvenirs d'enfance avec ses notes de sucre d'orge; plaisant et bien fait.

Producteur et région : Cidrerie du Haut St-Jean, Beauce

Variétés de pommes : McIntosh, Cortland

% alcool : 2,5

Format de bouteille : 375 ml

$

Accompagnement
Avec les desserts aux noix, chocolat ou fruits

Notes : 4 sur 5 pépins

Cidre
aromatisé

Cidre aromatisé

Boisson obtenue par l'ajout de substances aromatiques végétales (fruits, herbes, épices, etc.).

Clair de Lune
Cidre aromatisé

Robe rouge clair. Nez de fraise poivrée, framboise et cassis. En bouche, c'est frais avec des notes de fruits rouges. Droit et équilibré.

Ce cidre est bien fait, on a pris soin des détails sans surdoser les arômes. On cherche un peu la pomme, mais quand même très agréable.

Producteur et région : Cidrerie du Haut St-Jean, Beauce

Arômes : aromatisé avec fraise et framboise

% alcool : 6,8

Format de bouteille : 750 ml

$

Suggestion
Seul ou en cocktail

Notes : 4 sur 5 pépins

Rosé des Appalaches

Cidre aromatisé

Teinte pêche et orange clair. Nez discret de pomme et fruits rouges. Goût de canneberge avec finale légèrement amère, mais agréable.

Ce cidre est bien. Petits fruits rouges bien présents. Par contre, la pomme se cache derrière tout ce petit champ de fruits rouges.

Producteur et région : Cidrerie La Pomme du Saint-Laurent, Cap-St-Ignace

Arômes : aromatisé avec canneberges et sucre

% alcool : 11

Code SAQ : 10817137 SAQ

Format de bouteille : 750 ml

$

Accompagnement
Charcuteries, viandes blanches et en apéro

Notes : 3 sur 5 pépins

La Clé des Champs
Cidre aromatisé

Couleur rose bonbon clair, limpide. Arômes de framboise, canneberge et fleurs rouges. Goût de bonbon à la guimauve et fraise. Finale épicée et agréable.

Ce cidre nous rappelle notre enfance, ces bonbons mous à la fraise et à la guimauve. C'est amusant mais peu complexe. Les notes d'épices rehaussent le tout.

Producteur et région : Cidrerie Fleurs de Pommiers, Dunham

Arômes : aromatisé avec cassis, fraise, framboise, mûre

% alcool : 8

Format de bouteille : 750 ml

$

Suggestion
À l'apéro avec quelques glaçons

Notes : 3,5 sur 5 pépins

Cuvée de Noël
Cidre aromatisé

Robe rose saumonée scintillante. Arômes de pomme rouge et canneberge. Goût de pomme avec une finale légèrement sucrée.

Très beau à regarder. Léger, agréable, mais court et dilué.

Producteur et région : Cidrerie Fleurs de Pommiers, Dunham

Arômes : aromatisé avec cassis, fraise, framboise, mûre

% alcool : 9

Format de bouteille : 500 ml

$

Accompagnement
En salade de fruits ou à l'apéro

Notes : 3 sur 5 pépins

Cidrérable
Cidre aromatisé

Couleur jaune doré, trouble. Nez de fleurs blanches et pomme fraîche. Goût de jus de pomme frais avec une légère touche de miel.

Charmeur ce cidre ! On a su bien enrober la pomme en y ajoutant de l'érable tout discret.

Producteur et région : Domaine Lafrance, Saint-Joseph-du-Lac

Arômes : aromatisé avec érable

% alcool : 10

Code SAQ : 733576

Format de bouteille : 500 ml

$

Accompagnement
Foie gras en torchon, tarte au sucre et croustade aux pommes

Notes : 3,5 sur 5 pépins

❋ ❋ ❋ ❧

Le Diablotin
Cidre aromatisé

Reflet brun cuivré. Arôme intense empyreumatique. Floral et acidique en bouche.

Ce cidre a des côtés intéressants, mais hélas il est trop déconstruit pour y trouver du plaisir.

Producteur et région : Domaine Steinbach, Île d'Orléans

Arômes : aromatisé avec framboise

% alcool : 13,5

Format de bouteille : 375 ml

$

Suggestion
Dans vos cocktails favoris

Notes : 2 sur 5 pépins

Rosé
Cidre aromatisé

Couleur rose bonbon. Arômes de framboise fraîche et canneberge. Belle finesse en bouche. Goût de framboise et pomme.

Ce cidre a le mérite d'être franc; un peu artificiel. Très bien dans un kir avec un vin blanc sec.

Producteur et région : Domaine Félibre, Stanstead

Arômes : aromatisé avec framboise

% alcool : 7

Code SAQ : 10986037

Format de bouteille : 375 ml

$

Suggestion
Dans les cocktails

Notes : 3 sur 5 pépins

Rouge
Cidre aromatisé

Rouge écarlate. Arômes de fraise, framboise, canneberge. Des petits fruits rouges plein la bouche, nommez-les tous, ils sont là !

Produit intéressant, mais où est la pomme ? Plein de fruits rouges, certes. Cependant, pas désagréable.

Producteur et région : Domaine Félibre, Stanstead

Arômes : aromatisé avec mirabelles, canneberges et cassis

% alcool : 7

Code SAQ : 10985907

Format de bouteille : 375 ml

$

Suggestion
Dans un martini ou dans un cocktail

Notes : 3 sur 5 pépins

Passion
Cidre aromatisé

Blanc clair. Arômes de mangue et nectarine. Goût de fruits exotiques. En bouche, on ressent bien les fruits exotiques avec une acidité très présente.

Ce produit est rempli d'arômes fruités, les notes de sucre artificiel sont un peu dérangeantes. C'est tout de même un produit agréable pour certaines occasions.

Producteur et région : Domaine Félibre, Stanstead

Arômes : Aromatisé avec mangue, goyave et ananas

% alcool : 7

Code SAQ : 10985958

Format de bouteille : 375 ml

$

Accompagnement
En apéritif ou avec les sushis

Notes : 3 sur 5 pépins

Adagio
Cidre aromatisé

Robe ambrée, cuivrée. Arômes de pomme rouge cuite et épices douces. Goût de pelure de pomme rouge, cassis, avec une finale d'épices.

Ce cidre est agréable et offre une belle complexité aromatique. Très frais et long en bouche.

Producteur et région : Cidrerie Léo Boutin

Arômes : aromatisé avec cassis

% alcool : 9

Code SAQ : 733907

Format de bouteille : 500 ml

$

Accompagnement
Servi avec les antipasti et les desserts aux noix

Notes : 3,5 sur 5 pépins

❀ ❀ ❀ ❦

Rubis d'automne
Cidre aromatisé

Couleur dorée, reflet rougeâtre. Au nez, on retrouve la framboise et le bleuet. Goût de bleuet et canneberge.

Ce cidre manque un peu de complexité, mais n'est pas désagréable.

Producteur et région : Cidrerie Léo Boutin

Arômes : aromatisé avec canneberges

% alcool : 9

Code SAQ : 10233668

Format de bouteille : 500 ml

$

Suggestion
Excellent en kir ou apéritif

Notes : 3 sur 5 pépins

Cidre
tranquille

Cidre tranquille

Tout cidre plat, qu'il soit léger, fort
ou liquoreux.

Humeur d'Éole 2006
Cidre liquoreux

Jaune paille avec des reflets vert pâle. Arômes de fleurs blanches et vanille. En bouche, c'est velouté avec des notes de poire et d'épices. Bien fait mais un peu court.

Ce cidre est plaisant et original. On l'aime pour son côté vineux et complexe. Fraîcheur et charme sont au rendez-vous.

Producteur et région : Val Caudalies, vignoble et cidrerie, Dunham

Variétés de pommes : Cortland, McIntosh, Empire, Liberty, Spartan

% alcool : 10

Code SAQ : 11096693

Format de bouteille : 375 ml

$

Accompagnement
En apéritif, dans un martini avec vodka pour faire une pomme gelée. Desserts sucrés

Notes : 4 sur 5 pépins

Halbi 2008
Cidre fort

Belle couleur jaune banane. Arômes de pomme cuite, banane et cannelle. En bouche, c'est fruité, avec des notes de pomme cuite, épices douces et muscade.

Ce cidre est trippant ! Sa couleur au départ nous a fait sourire. Belle complexité et long. Une gorgée en appelle une autre.

Producteur et région : Vignoble De Lavoie, Rougemont

Variétés de pommes : Cortland

% alcool : 10,5

Code SAQ : 10379624

Format de bouteille : 500 ml

$

Accompagnement
Apéro ou avec un léger repas

Notes : 4 sur 5 pépins

Rose
Cidre léger rosé

Couleur rose fluo. Premier nez de fraise et pomme. Goût de pomme et framboise. Manque de structure, mais présente une belle acidité en finale.

Ce cidre est quelque peu dilué, la pomme et la framboise sont bien présentes, mais chacune de leur côté. Un peu artificiel.

Producteur et région : Les Vergers de la Colline, Sainte-Cécile de Milton

Variétés de pommes : Cortland, Honey Crisp, Dolgo

% alcool : 6,5

Code SAQ : 11082283

Format de bouteille : 750 ml

$

Suggestion
Avec des amis sur
une terrasse

Notes : 3 sur 5 pépins

✻ ✻ ✻

Rosalie 2007
Cidre fort rosé

Couleur rose saumon. Arômes de pomme rouge et framboise. Goût de pelure de pomme rouge musquée. Finale amère.

Ce cidre offre des notes intéressantes à l'œil et au nez. En bouche, c'était correct, mais sans plus.

Producteur et région : Cidrerie Michel Jodoin, Rougemont

Variétés de pommes : Geneva

% alcool : 11

Code SAQ : 10987540

Format de bouteille : 750 ml

$

Accompagnement
En apéritif, avec les salades ou sushis

Notes : 2,5 sur 5 pépins

Cuvée Blanc de Pépin 2007
Cidre fort

Couleur jaune pâle clair. Nez de sous-bois, végétal, complexe. Goût de pomme cuite, calvados et pépins, hydrocarbure en finale.

Ce cidre est complexe au nez mais nous laisse sur notre appétit en bouche. La finale d'hydrocarbure est dérangeante, mais peut plaire à certains palais.

Producteur et région : Cidrerie Michel Jodoin, Rougemont

Variétés de pommes : McIntosh, Lobo

% alcool : 12

Code SAQ : 432641

Format de bouteille : 750 ml

$

Accompagnement
Canapés, repas léger ou seul

Notes : 3 sur 5 pépins

Le Plaisir de la Pomme
Cidre léger

Couleur jaune clair, pâle. Beau nez de miel brut, fraise et rose blanche. Goût complexe de pomme et miel.

Ce cidre est juteux, goûteux et fondu. Belle rondeur, son côté floral le démarque. Beau produit.

Producteur et région : Cidrerie du Haut St-Jean, Beauce

Variétés de pommes : McIntosh, Cortland

% alcool : 6,8

Format de bouteille : 750 ml

$

Accompagnement
Viandes blanches et pâtes

Notes : 3,5 sur 5 pépins

Baiser Volé
Cidre léger

Jaune clair, presque blanc. Nez de pomme vanillée et épices douces. Très juteux, pomme verte et ananas. Bonne longueur, fruit du dragon en rétro.

Ce cidre peut nous voler un baiser n'importe quand ! C'est droit, charmeur et plein de fruits. Nous en voulons encore. Bravo !

Producteur et région : Cidrerie St-Nicolas, Saint-Nicolas

Variétés de pommes : Plusieurs variétés

% alcool : 2,8

Code SAQ : 735084

Format de bouteille : 750 ml

$

Accompagnement
En apéro, avec les fruits de mer ou avec du cassis en Kir

Notes : 4 sur 5 pépins

❋ ❋ ❋ ❋

Charme Printanier
Cidre léger

Couleur jaune vert clair. Nez discret de pomme cuite et vanille. Goût de jus de pomme et fruits secs.

Ce cidre nous a plu au nez, mais la bouche n'a pas suivi; manque de structure et d'équilibre.

Producteur et région : Les Vergers de la Colline, Sainte-Cécile de Milton

Variétés de pommes : Honey Crisp

% alcool : 5

Code SAQ : 10776953

Format de bouteille : 750 ml

$

Accompagnement
Fromages fins, beignet de fromage de chèvre avec une sauce au miel

Notes : 3 sur 5 pépins

Légende d'Automne Sélection McIntosh 2008
Cidre tranquille

Jaune clair, reflet verdâtre. Arômes de tarte aux pommes et jus de pomme brut. En bouche, c'est plein de fraîcheur et bien équilibré. Goût de pomme fraîche avec une touche de sucre blanc.

Ce cidre est fin et gourmand. Pomme enrobée et séduisant. Où est la bouteille, j'en veux encore !

Producteur et région : Domaine Lafrance, Saint-Joseph-du-Lac

Variétés de pommes : McIntosh

% alcool : 9

Code SAQ : 883942

Format de bouteille : 750 ml

$

Accompagnement
Sur une terrasse, avec pâtes
ou fromages

Notes : 4 sur 5 pépins

La Bolée Réserve
Cidre sec

Couleur jaune brillant. Arômes de pomme, poire et fleurs blanches. Goût de pomme, ananas et cassonade avec une finale minérale.

On s'attend à beaucoup de ce producteur et on n'est pas déçu. Ce cidre est net et original grâce à sa minéralité discrète en fin de bouche.

Producteur et région : Cidrerie du Minot, Hemmingford

Variétés de pommes : McIntosh, Lobo, Cortland, Duchesse, Melba

% alcool : 7

Code SAQ : 511956

Format de bouteille : 750 ml

$

Accompagnement
Viandes blanches et fondues au fromage

Notes : 4 sur 5 pépins

❀ ❀ ❀ ❀

Domaine Pinnacle
Cidre tranquille

Jaune banane fluo. Arômes de pomme, banane et muscat. Goût de pomme verte fraîche, acidité et alcool marqués.

Ce cidre nous rend un peu perplexes; la présentation est superbe, mais c'est dans la bouteille que ça compte. Les arômes sont complexes, mais dominés par l'alcool, ce qui cache la finesse à laquelle on s'attendait de ce producteur réputé.

Producteur et région : Domaine Pinnacle, Frelighsburg

Variétés de pommes : Plusieurs variétés

% alcool : 13

Code SAQ : 10850551

Format de bouteille : 750 ml

$

Accompagnement
Avec la saucisse ou des tapas

Notes : 3 sur 5 pépins

✳ ✳ ✳

Petit Pomme Fort
Cidre tranquille

Couleur jaune paille clair. Nez d'hydrocarbure, pomme cuite et ananas. Rond en bouche, goût de pomme bonbon.

Ce cidre est rond mais un peu lourd. Agréable en bouche, mais sans plus.

Producteur et région : Les Vergers Petit et Fils, Mont-Saint-Hilaire

Variétés de pommes : Lobo, McIntosh, Cortland, Empire, Spartan

% alcool : 9

Code SAQ : 734335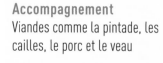

Format de bouteille : 750 ml

$

Accompagnement
Viandes comme la pintade, les cailles, le porc et le veau

Notes : 3 sur 5 pépins

La Vire Crêpe
Cidre léger

Jaune clair brillant. Nez gourmand de pomme, abricot et cannelle. Goût de pomme verte enrobée de cassonade. Finale d'épices douces agréable.

Ce cidre est très agréable, complexe, fruité, pas trop lourd, plein de fraîcheur. Finale tombe un peu vite.

Producteur et région : Cidrerie St-Nicolas, Saint-Nicolas

Variétés de pommes : Plusieurs variétés

% alcool : 7

Code SAQ : 500132

Format de bouteille : 750 ml

$

Accompagnement
Avec les viandes blanches, desserts riches aux noix

Notes : 3,5 sur 5 pépins

Le St-Laurent
Cidre fort

Jaune pêche clair. Arômes de pomme fraîche, calvados et cannelle. Goût de pomme enrobée de muscat.

Ce cidre est correct. Rien de désagréable, mais un peu déconstruit. Nous avons aimé les notes de calvados en finale.

Producteur et région : Cidrerie La Pomme du Saint-Laurent, Cap-Saint-Ignace

Variétés de pommes : Plusieurs variétés

% alcool : 10

Code SAQ : 734301

Format de bouteille : 750 ml

$

Accompagnement
Poisson ou poulet

Notes : 3 sur 5 pépins

Dégel 2007
Cidre tranquille

Jaune vert limpide. Arômes expressifs de pomme, ananas, sucre brun et épices douces. Goût de pomme, poire et muscat.

Ce cidre est vraiment honnête, il nous a charmés car l'alcool est fondu avec le fruit, et tout est agréable du début de la gorgée jusqu'à la rétro. Long et équilibré.

Producteur et région : La Face Cachée de la Pomme, Hemmingford

Variétés de pommes : McIntosh

% alcool : 11,5

Code SAQ : 10661486

Format de bouteille : 750 ml

$

Accompagnement
Viandes blanches, poisson ou sushis

Notes : 4 sur 5 pépins

❀ ❀ ❀ ❀

Brise
Cidre léger

Robe jaune-vert, scintillante. Arômes de pomme verte, poire cuite et compote. Goût juteux de pomme verte fraîche, compote de pommes avec une finale qui tend sur la vanille.

Ce cidre est rafraîchissant et agréable. Belle structure. Onctueux et droit. La finale vanillée fut très charmante.

Producteur et région : Verger Lacroix, Saint-Joseph-du-Lac.

Variétés de pommes : Plusieurs variétés

% alcool : 6,5

Format de bouteille : 750 ml

$

Accompagnement
À l'apéro, avec des sushis et des antipasti

Notes : 4 sur 5 pépins

La Ruée Vers L'Or
Cidre fort

Robe jaune pâle. Arômes de pomme verte mûre et cannelle. Goût de pomme et abricot.

Ce cidre est simple et intéressant. Vert en bouche et finale d'hydrocarbure qui ne laisse pas nécessairement un bon souvenir.

Producteur et région : Verger Clément Larivière, Saint-Théodore d'Acton

Variétés de pommes : Plusieurs variétés

% alcool : 11,5

Code SAQ : 733683

Format de bouteille : 750 ml

$

Accompagnement
En apéritif ou avec les fromages forts

Notes : 2,5 sur 5 pépins

Cidre
apéritif

Cidre apéritif

Que ce soit par fermentation ou par ajout d'alcool, le cidre apéritif doit présenter un taux d'alcool d'au moins 15 % et d'au plus 20 %. L'appellation « cidre apéritif » peut être accompagnée par celle de « mistelle de pomme » ou même de « vermouth de cidre » ou « vermouth de pomme ».

Pinnacle, Réserve 1859
Cidre de glace ou eau-de-vie de pommes

Couleur jaune pâle doré. Arômes de levure, pomme fraîche et alcool. Attaque puissante de calvados et de chêne, finale de pomme caramélisée.

Belle couleur pure et limpide. Le premier nez a créé un wow! spontané. En bouche on reste un peu surpris, car la pomme est masquée par le chêne et l'eau-de-vie. Conseil : laisser vieillir 2 à 3 ans pour que toutes les saveurs s'harmonisent.

Producteur et région : Domaine Pinnacle

Variétés de pommes : Plusieurs variétés, mutées avec une liqueur de pomme

% alcool : 16

Code SAQ : 10850156

Format de bouteille : 500 ml

$$$

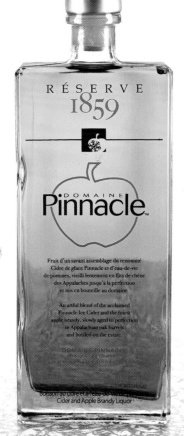

Suggestion
En digestif ou avec un bon cigare cubain

Notes : 3 sur 5 pépins

L'Envolée
Cidre apéritif

Couleur jaune banane verte. Arômes de pomme, poire et épices douces. Goût de miel frais et pomme enrobé de sucre d'orge. Finale un peu lourde.

Ce cidre est bien équilibré, très gourmand. Manque d'acidité pour la fraîcheur.

Producteur et région : Verger Pedneault, Île-aux-Coudres

Arômes : aromatisé avec la poire

% alcool : 15,5

Code SAQ : 733709 SAQ

Format de bouteille : 375 ml

$

Accompagnement
À l'apéro, avec des desserts à la banane

Notes : 3 sur 5 pépins

Sève d'Automne
Cidre apéritif

Jaune or, clair. Intenses arômes de pommes fraîches et zeste d'oranges, vanille et Cointreau. En bouche, attaque de fruit blanc et mandarine, une finale légèrement épicée, mais bien équilibrée.

Ce cidre est agréable et aromatique. Bien fondu et moyennement long.

Producteur et région : Le Domaine Orléans, Île d'Orléans

Arômes : aromatisé avec mandarine

% alcool : 18,5

Code SAQ : 10550507

Format de bouteille : 375 ml

$

Accompagnement
À l'apéro ou en salade de fruits

Notes : 3 sur 5 pépins

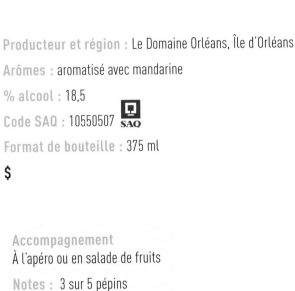

Le Jaseur
Cidre apéritif

Couleur orange, reflet brun brillant. Arômes de pomme rouge, zeste d'orange et anis étoilée. Goût de caramel anglais, pomme cuite et noyau de cerise.

Ce cidre est « funky ». Saveurs bien harmonisées, la pomme est présente, ce que l'on ne retrouve pas toujours dans les cidres aromatisés !

Producteur et région : Casa Breton, Saint-Henri-de-Lévis

Arômes : aromatisé avec bleuets, prunes, framboises

% alcool : 15

Code SAQ : 734210

Format de bouteille : 500 ml

$

Accompagnement
À l'apéro et avec les desserts caramélisés

Notes : 3 sur 5 pépins

✳ ✳ ✳

Coup de Foudre
Cidre apéritif

Jaune pâle. Arômes de calvados, pomme enrobée de caramel. Goût de pomme-poire, pain frais et sucre brun.

Ce cidre est goûteux et riche. Longue finale en bouche et bien construit.

Producteur et région : La Cidrerie du Village, Rougemont

Variété de pommes : Plusieurs variétés

% alcool : 18

Format de bouteille : 500 ml

$$

Accompagnement
Avec fromages et foie gras

Notes : 3,5 sur 5 pépins

Le Tonnelet
Cidre apéritif

Couleur ambre. Arômes de pomme rouge, zeste d'orange et abricot. Goût de pomme rouge mûre, abricot séché avec une finale de caramel épicé.

Ce cidre est bien fait, souple et complexe. Nous avons apprécié le côté oxydatif et réduit.

Producteur et région : Domaine Lafrance, Saint-Joseph-du-Lac

Variétés de pommes : Plusieurs variétés

% alcool : 17

Code SAQ : 733634 SAQ

Format de bouteille : 500 ml

$

Accompagnement
Comme un porto, avec fromages forts ou chocolat noir

Notes : 4 sur 5 pépins

✳ ✳ ✳ ✳

Pommeau D'Or
Cidre apéritif

Couleur ambre, belle brillance. Arômes de chausson aux pommes cru et miel. Goût de pomme caramélisée et calvados.

Ce cidre est bien, mais a besoin d'oxygène pour s'ouvrir. Arômes complexes et délicats. Finale amère mais agréable.

Producteur et région : Cidrerie Fleurs de Pommiers, Dunham

Variétés de pommes : Plusieurs variétés

% alcool : 16,5

Format de bouteille : 500 ml

$$

Accompagnement
En apéritif, avec fromages et desserts aux noix

Notes : 3,5 sur 5 pépins

Pomelle
Mistelle de pomme

Couleur ambre et cuivrée. Arômes de pomme rouge cuite et cassonade. Goût de pomme rouge mûre et crème brulée. Bonne longueur et équilibré.

Ce cidre est apprécié pour sa complexité, ses arômes évolués et son équilibre. Plaisant à déguster.

Producteur et région : Cidrerie Léo Boutin, Mont-Saint-Grégoire.

Variétés de pommes : Plusieurs variétés

% alcool : 16

Code SAQ : 733915

Format de bouteille : 375 ml

$$

Notes : 4 sur 5 pépins

❋ ❋ ❋ ❋

Feu Sacré
Cidre apéritif

Couleur ambre foncé, teinte orangée et très limpide. Au nez, notes de fruits séchés, caramel anglais et une finale légèrement fumée, obtenue grâce au procédé utilisé pour fabriquer les cidres de feu (voir page 28). En bouche, on retrouve les goûts de pommes aux épices douces, gingembre et une richesse qui nous rappelle le madère. Une finale de fraîcheur amenée par une acidité juteuse.

Nous avons beaucoup apprécié ce cidre pour son originalité, sa fraîcheur et sa complexité.

Producteur et région : Vergers Lacroix, Saint-Joseph-du-Lac

Variétés de pommes : Plusieurs variétés

% alcool : 16

Code SAQ : 10800431

Format de bouteille : 375 ml

$$

Accompagnement
En apéritif, délicieux avec une tarte tatin et fromages fondus

Notes : 4,5 sur 5 pépins

Cidres et gastronomie
Accords mets et cidres

Le plaisir associé à la consommation du cidre est en grande partie dû au contexte dans lequel il est dégusté. Notre appréciation d'un cidre, dégusté dans une occasion ou une autre, relève principalement des qualités intrinsèques du produit, mais une foule de facteurs peuvent intervenir et influencer notre jugement. Ces facteurs sont parfois liés aux lieux, aux gens qui nous accompagnent, à notre humeur, à la saison et même aux conditions météorologiques. Mais le facteur le plus important d'entre tous concerne la réussite de l'accord entre les mets proposés et les cidres choisis pour l'occasion. Ainsi, comme c'est le cas avec le vin et même avec la bière, il importe de s'attarder quelques instants aux caractéristiques particulières des mets et des cidres que l'on se propose de marier, pas seulement afin d'éviter les conflits entre leur texture et leur goût, mais surtout parce qu'un accord réussi sera susceptible de rehausser les saveurs de chacun et nous procurera une satisfaction décuplée.

Principes généraux de l'accords entre mets et cidres

L'objectif principal de l'accord entre un mets et un cidre est de faire en sorte que le plaisir retiré de chacun des deux éléments soit magnifié du fait qu'ils sont consommés ensemble. On cherchera à ce que l'harmonie créée par le jumelage d'un cidre et d'un plat nous transporte au-delà des qualités individuelles de chacun. Chaque plat est constitué d'aliments ayant des caractéristiques particulières : des arômes, des saveurs et des textures qui donnent au plat en question une personnalité propre. Il en va de même pour le cidre, qui peut présenter des traits d'une grande variété, menant à un ensemble plus ou moins délicieux. Il s'agit donc de faire interagir ces divers caractères entre eux afin de produire un résultat des plus spectaculaires en bouche. La science des accords entre les mets et les vins est, de nos jours, très évoluée. Dans le domaine de la haute gastronomie, chefs et sommeliers travaillent toujours de concert afin d'offrir les mariages les plus heureux entre le plat au menu et la boisson destinée à l'accompagner. Les experts en la matière ont poussé leur savoir-faire jusqu'à étudier les interactions au niveau moléculaire entre mets et boissons. Ils réussissent ainsi à expliquer scientifiquement les grands principes des accords qui relevaient jusqu'ici de l'instinct avisé de fins dégustateurs. Sans aller aussi loin et sans prétendre à une expertise que l'auteur de ces lignes n'a pas, voyons tout de même quelques grands principes qui nous permettront de sélectionner le meilleur cidre pour accompagner une variété de plats.

L'interaction entre le cidre et le mets proposé peut prendre plusieurs formes :

• un aliment peut exagérer ou affaiblir une caractéristique du cidre;
• les saveurs et arômes d'un mets peuvent avoir une intensité qui camouflera ceux du cidre, et vice versa;
• le cidre peut apporter de nouveaux arômes, bons ou mauvais, à un aliment;
• l'union d'un cidre et d'un aliment peut créer des saveurs (bonnes ou mauvaises) qui n'étaient ni dans le cidre;
• le cidre et le plat peuvent interagir de façon à créer une impression gustative plus forte ou plus heureuse que celle du cidre ou du plat isolés.

À titre d'exemple, un plat très salé augmentera l'amertume d'un cidre et mettra en valeur sa structure tannique; les tannins du cidre paraîtront moins rudes s'il est combiné à un mets contenant beaucoup de protéines (une viande par exemple) et, au contraire, plus rudes et astringents s'il accompagne un plat épicé.

Dans ce dernier cas, un cidre plus doux et moins tannique serait à privilégier. Les cidres plus sucrés paraissent moins doux que fruités avec les plats salés. Ils s'accordent très bien avec les plats eux-mêmes sucrés, ainsi qu'avec les mets plus piquants ou épicés. Voilà donc quelques principes plus spécifiques qui relèvent des traits dominants de chacun des deux éléments à harmoniser.

Deux grands principes d'accord doivent à priori guider nos choix. Nous sommes ainsi soit à la recherche d'un accord de «complémentarité», soit de «contraste». Si l'accord de complémentarité reste le plus classique et celui le plus susceptible d'offrir le plus de satisfaction dans une majorité de cas, il ne faut pas négliger l'accord de contraste pour autant, qui donnera parfois des résultats spectaculaires!

L'exemple le plus parlant à cet égard est certainement le cidre de glace, liquoreux et sucré, se combinant bien avec les vieux fromages, très secs et salés. Cette boisson et cet aliment, qui au premier abord ont peu en commun, s'avèrent tous deux bonifiés du simple fait qu'ils sont dégustés ensemble. L'harmonie d'ensemble ici surpasse les qualités initiales des deux produits consommés individuellement; l'accord est parfait! Citons également quelques accords classiques de contraste tels que le cidre liquoreux avec les mets asiatiques épicés ou le cidre effervescent sec sur les crêpes, au dessert.

Pour savoir si un mets et un cidre sont complémentaires, il faut d'abord observer les grands traits de chacun : intensité, nature des saveurs et texture. On doit ensuite respecter quelques conventions (sauf bien sûr si l'on veut privilégier un accord de contraste!) : l'intensité (légère à corsée) doit être complémentaire; on ne servira pas un cidre délicat sur un mets très relevé ou un cidre trop costaud sur un mets aux saveurs très subtiles. La nature des saveurs doit concorder le plus possible; on ne servira pas, par exemple, un cidre aux arômes caramélisés avec un poisson citronné. La texture du cidre doit ressembler à la texture du mets; un plat nappé de sauce crémeuse conviendra à un cidre plus gras ou plus moelleux. En outre, quelques aliments sont très difficiles à harmoniser avec le cidre, et on cherchera autant que possible à restreindre leur utilisation lorsqu'on souhaite obtenir un bel accord entre mets et cidres : l'ail, le vinaigre et les légumes amers comme l'endive ou le radis font partie de ces aliments.

Un accord réussi...

Un accord est réussi lorsque le cidre rehausse les saveurs de la nourriture et semble lui-même meilleur après chaque bouchée.

De manière générale, et pour aider à se situer avec les accords réussis entre le cidre et la gastronomie, on peut affirmer que chaque fois que l'on a tendance à choisir un vin blanc plutôt qu'un vin rouge, un cidre est approprié. En outre,

le cidre est le compagnon idéal des mets qui vont bien avec les pommes. Ainsi, le poisson et les fruits de mer sous toutes leurs formes (coquillages, sushis, crustacés, etc.), les viandes blanches (poulet, dindon, porc, etc.), les fromages, les fruits et les desserts sont généralement excellents accompagnés de cidre. Mais il y a aussi des agencements fantastiques à expérimenter avec le veau, le lapin ou l'agneau. En utilisant toute la panoplie des cidres disponibles, que ce soit à l'intérieur d'une préparation culinaire ou simplement pour l'accompagnement, les combinaisons possibles sont multiples et très intéressantes. Nous sommes ici dans le domaine de la perception sensorielle et, bien que certaines lignes directrices puissent guider nos choix, il revient à chacun de juger du succès d'un accord particulier.

Soulignons que les sites Internet des différentes cidreries du Québec, le site des Cidriculteurs artisans du Québec ainsi que de nombreux autres sites et publications traitant de sujets culinaires vous proposent une multitude de recettes succulentes mettant en vedette les cidres du Québec. Les établissements gastronomiques des quatre coins de la province proposent aussi de plus en plus fréquemment de savoureux mets cuisinés avec les cidres d'ici ou s'accompagnant à merveille de ces derniers.

Afin de susciter votre créativité et de vous aider à mieux saisir les principes de l'accord entre cidres et mets, vous trouverez, dans les pages qui suivent, quelques exemples heureux de mariages gastronomiques, tirés du site Internet des CAQ (www.cidreduquebec.com).

Rognons de Veau de grain du Québec
revisités à la moutarde de Dijon et au cidre tranquille

Accord mets et cidre : cidre tranquille ou effervescent

Préparation : 15 minutes
Cuisson : 4 minutes
Portions : 4

4 échalotes grises ciselées
30 ml (2 c. à soupe) d'huile d'olive
80 ml (1/3 tasse) de cidre tranquille
10 ml (2 c. à thé) de moutarde de Dijon
5 ml (1 c. à thé) d'estragon frais ou séché
20 ml (4 c. à thé) de persil frais haché finement
180 ml (3/4 tasse) de fond de veau ou de sauce demi-glace
45 ml (3 c. à soupe) de crème 15 %
350 g (3/4 lb) de rognons de veau de grain
30 ml (2 c. à soupe) d'huile d'olive
1 oignon vert ciselé

Préparation

1. Faire suer les échalotes dans l'huile d'olive. Déglacer avec le cidre tranquille et laisser réduire de moitié. Ajouter la moutarde de Dijon, l'estragon, le persil, le fond de veau et la crème et laisser mijoter quelques minutes.

2. Dans une autre poêle, faire sauter la moitié des rognons dans 15 ml (1 c. à soupe) d'huile d'olive fumante pendant environ 2 minutes, pour les garder rosés. Réserver. Répéter l'opération pour l'autre moitié des rognons.

3. Dresser les rognons dans les assiettes et napper de sauce.

Ce plat peut être servi en entrée. S'il est présenté en plat principal, il peut être accompagné de riz sauvage et de champignons sautés. Servir accompagné de cidre tranquille ou effervescent.

Source : Veau de grain du Québec – www.veaudegrain.com
Chef : Yan Garzon, chef exécutif du restaurant Sens de l'hôtel Mortagne

Carré de porc
au cidre de glace

Accord mets et cidre : cidre tranquille

Préparation : 10 minutes
Marinade : 6 à 10 heures
Cuisson : 1 heure 15 minutes
Portions : 8

Marinade

250 ml (1 tasse) de cidre de glace

2 gousses d'ail, hachées

2 grosses échalotes françaises, émincées

60 ml (1/4 tasse) de persil frais haché

2 feuilles de laurier

30 ml (2 c. à soupe) de poivre rose

Viande

2 kg (4,5 lb) de carré de porc du Québec

30 ml (2 c. à soupe) d'huile d'olive

30 ml (2 c. à soupe) de beurre

Sel, au goût

Préparation

1. Dans un contenant hermétique non métallique, mélanger cidre de glace, ail, échalotes, persil, laurier et poivre rose. Ajouter le carré de porc et laisser mariner au réfrigérateur de 6 à 10 heures.

2. Préchauffer le four à 160 °C (325 °F).

3. Égoutter le porc et verser la marinade dans une petite casserole. Porter à ébullition et laisser réduire jusqu'à consistance sirupeuse.

4. Dans une grande poêle allant au four, chauffer l'huile et y faire fondre le beurre pour saisir le carré de porc de tous les côtés. Assaisonner généreusement.

5. Verser la marinade sur le porc et badigeonner souvent durant la cuisson pour glacer la pièce de viande et la rendre « scintillante ». Mettre au four environ 60 min ou jusqu'à ce que le thermomètre à viande indique une température interne de 68 °C (155 °F).

6. Retirer le rôti du four. Laisser reposer couvert d'un papier d'aluminium environ 15 min.

Servir le porc tranché avec des légumes variés.

Source : Le Porc du Québec – www.leporcduquebec.com

Dindon en pâte phyllo, sauce parfumée au gingembre,

anis étoilé et cidre de glace

Accord mets et cidre : cidre tranquille ou effervescent

Préparation : 15 minutes
Cuisson : 30 minutes
Portions : 2

6 morceaux de dindon d'env. 8 cm X 4 cm (3 po x 1 ½ po)

10 feuilles de pâte phyllo

beurre clarifié ou huile au goût

4 morceaux de poivron vert d'env. 8 cm X 4 cm (3 po x 1 ½ po)

2 morceaux chacun de poivron jaune, poivron rouge d'env. 8 cm X 4 cm (3 po x 1 ½ po)

Sauce

200 ml (3/4 tasse) de cidre de glace

10 ml (2 c. à thé) de gingembre pelé et tranché finement

5 ml (1 c. à thé) de sauce soya

4 unités d'anis étoilé

60 ml (1/4 tasse) de beurre

Préparation

1. Préparation des rouleaux de dindon : Préchauffer le four à 190 °C (375 °F). Dans un poêlon, à feu moyen-fort, faire cuire les cubes de dindon dans un peu d'huile, environ 5 minutes ou jusqu'à ce que la teinte rosée disparaisse. Réserver. Étaler 5 feuilles de pâte phyllo et les badigeonner de beurre clarifié sur toute la surface. Y déposer 4 morceaux de poivron et 3 morceaux de dindon en alternance (en débutant et en finissant par le poivron vert). Fermer hermétiquement les feuilles de phyllo sur le montage de dindon et de poivron. Répéter l'opération pour le deuxième montage. Déposer sur une plaque, badigeonner le tout de beurre clarifié et faire cuire de 5 à 7 minutes ou jusqu'à l'obtention d'une belle couleur dorée.

2. Préparation de la sauce : Dans un poêlon, à feu moyen-fort verser le cidre de glace, le gingembre, la sauce soya et l'anis étoilé. Laisser réduire pendant environ 7 minutes. Lorsque la sauce est réduite, baisser le feu au minimum et ajouter le beurre, noisette par noisette, en fouettant sans arrêt pour obtenir une sauce veloutée. Réserver à la chaleur.

3. Pour le service, couper le rouleau dans le sens de la longueur et en diagonale puis dresser au milieu de l'assiette en versant la sauce délicatement autour du rouleau pour conserver le croustillant de la pâte phyllo.

Source : Le dindon du Québec – www.ledindon.qc.ca
Chef : Cong-Bon Huynh, chef des Éleveurs de volailles du Québec

Flanc de Veau de grain du Québec
au cidre de glace

Accord mets et cidre : cidre tranquille ou effervescent

Préparation : 25 minutes
Cuisson : 15 minutes
Portions : 4

2 sachets de thé vert
80 ml (1/3 tasse) d'huile d'olive
30 ml (2 c. à soupe) de coriandre fraîche hachée
1 gousse d'ail hachée
4 biftecks de flanc de veau de grain

Choucroute

30 ml (2 c. à soupe) d'huile d'olive
125 ml (1/2 tasse) de chou vert ciselé
125 ml (1/2 tasse) de chou nappa ciselé
1 oignon vert haché
125 ml (1/2 tasse) de canneberges fraîches
250 ml (1 tasse) de cidre de glace

Sauce

1 betterave cuite, sans peau, coupée en morceaux
125 ml (1/2 tasse) de fond de veau

Préparation

1. Mélanger les ingrédients de la marinade, incluant les sachets de thé. Inciser les biftecks de flanc et placer dans un sac de plastique hermétique. Ajouter la marinade et faire mariner pendant 1 heure.

2. Pour la choucroute, chauffer l'huile d'olive dans une poêle. Faire sauter les deux choux, l'oignon vert et les canneberges environ 3 minutes. Ajouter le crémant de glace. Mettre au four environ 25 minutes.

3. Préparer la sauce en passant au mélangeur la betterave et le fond de veau. Réchauffer la sauce. Saler et poivrer au goût.

4. Faire griller la viande environ 3 minutes de chaque côté. Elle doit rester rosée. Déposer les biftecks de flanc sur un lit de choucroute et verser la sauce sur la viande. Accompagner de choux de Bruxelles et d'un morceau de pomme de terre bleue.

Source : Veau de grain du Québec – www.veaudegrain.com
Chef : Mario Julien, chef du Club de Golf Le Mirage

Étagé d'escalopes de Veau de grain du Québec
au fromage, sauce au romarin et au cidre de glace

Accord mets et cidre : cidre tranquille ou effervescent

Préparation : 20 minutes
Cuisson : 4 minutes
Portions : 4

3 betteraves jaunes
30 ml (2 c. à soupe) d'huile d'olive
4 grandes escalopes de veau de grain
2 échalotes grises hachées finement
160 ml (2/3 de tasse) de cidre de glace
180 ml (3/4 de tasse) de fond de veau ou de sauce demi-glace
1 branche de romarin frais
Sel et poivre du moulin
150 g (5 oz) de fromage à pâte ferme à croûte lavée
4 tomates cerises

Préparation

1. Cuire les betteraves jaunes dans l'eau jusqu'à tendreté. Réserver.

2. Chauffer l'huile d'olive dans une poêle, faire revenir les escalopes une minute de chaque côté et les réserver au chaud.

3. Dans la même poêle, faire revenir les échalotes quelques instants. Déglacer la poêle avec le cidre de glace, laisser réduire quelques minutes puis ajouter le fond de veau et le romarin. Assaisonner au goût et réserver au chaud.

4. Couper les betteraves en fines tranches et les escalopes en deux.

5. Pour monter les assiettes, déposer deux tranches de betterave au fond de l'assiette, puis une demi-escalope de veau de grain. Recommencer l'opération une autre fois. Placer une tranche de fromage sur chaque étagé et chauffer les assiettes au four pour faire fondre le fromage. Ajouter la sauce et décorer d'une tomate cerise.

Servir avec des pommes de terre grelots et des asperges cuites à la vapeur.

Source : Veau de grain du Québec – www.veaudegrain.com
Chef : Patrick Vesnoc, chef propriétaire du restaurant Les Chanterelles du Richelieu

Escalopes de dindon, sauce à la vanille
et au cidre de glace

Accord mets et cidre : cidre tranquille ou effervescent

Préparation : 15 minutes
Cuisson : 4 minutes
Portions : 4

2 escalopes de dindon de 150g
(5 oz) chacune
Au goût, beurre et huile

Sauce

1 ou 2 échalotes hachées
10 ml (2 c. à thé) de vinaigre de cidre
190 ml (3/4 tasse) de cidre de glace
2 gousses de vanille
125 ml (1/2 tasse) de beurre
Au goût, sel et poivre du moulin
Haricots verts et jaunes, cuits à la vapeur

Préparation

1. Préchauffer le four à 190 °C (375 °F). Enrouler les escalopes de dindon sur la largeur en forme de rosace. Ficeler.

2. Dans une poêle antiadhésif, faire colorer les rosaces de dindon avec un peu de beurre et d'huile de 2 à 3 minutes.

3. Terminer la cuisson au four pendant environ 15 minutes jusqu'à une cuisson à cœur de 77 °C (170 °F).

4. Retirer et réserver au chaud.

Préparation de la sauce

1. Dans une poêle, faire chauffer un peu de beurre ou d'huile à feu moyen-fort. Ajouter les échalotes et faire cuire de 2 à 3 minutes, jusqu'à ce qu'elles soient transparentes. Ajouter le vinaigre de cidre et le cidre, mélanger et laisser réduire pendant environ 7 minutes.

2. Sur une planche, fendre les gousses de vanille en deux dans le sens de la longueur. Lorsque la réduction est prête, baisser le feu au minimum et ajouter le beurre, noisette par noisette, en fouettant sans arrêt pour obtenir une sauce bien lisse.

3. Retirer la sauce du feu et gratter l'intérieur des demi-gousses de vanille au-dessus de la poêle. Fouetter à nouveau et réchauffer doucement.

Servir le dindon avec la sauce, des haricots et des fettuccinis sautés à l'huile d'olive.

Source : Le dindon du Québec – www.ledindon.qc.ca
Chef : Cong-Bon Huynh, chef des Éleveurs de volailles du Québec

Légumes glacés
aux pommes

Accord mets et cidre : cidre de glace

Portions : Accompagnement pour 4 personnes

1 pomme de terre coupée en bâtonnets de 6 cm (2 1/2 po) de longueur
2 carottes coupées en bâtonnets de 6 cm (2 1/2 po) de longueur
1 oignon coupé en gros morceaux
1 navet/rabiole coupé en bâtonnets de 6 cm (2 1/2 po) de longueur
1 pomme coupée en quartiers
30 ml (2 c. à soupe) de beurre
310 ml (1 1/4 tasse) de cidre de glace
Val Caudalies à Dunham ou autre boisson liquoreuse à la pomme
2 branches d'herbes fraîches au goût (romarin, basilic, thym ou autre)
Sel au goût

Préparation

1. Faire fondre le beurre dans une poêle et cuire les légumes 1 minute.

2. Ajouter le cidre de glace et deux branches de l'herbe désirée. Saler et poivrer.

3. Sans couvrir, laisser réduire tout le liquide à feu doux-moyen (environ 15-20 minutes) en brassant de temps à autre.

4. Lorsque le liquide est presque complètement réduit, ajouter les quartiers de pomme et cuire encore quelques minutes ou jusqu'à ce que les légumes soient tendres. Servir.

Source : Anne Samson – www.legumesoublies.com

Roulade de Veau de grain du Québec
au fromage et aux pleurotes, sauce au cidre tranquille

Accord mets et cidre : cidre tranquille ou effervescent

Préparation : 20 minutes
Cuisson : 6 minutes
Portions : 4

Marinade

4 escalopes de veau de grain d'environ 100 g (1/4 lb) chacune

30 ml (2 c. à soupe) d'huile d'olive

223 g (1 barquette) de pleurotes

15 ml (1 c. à soupe) de beurre

225 g (1/2 lb) de fromage l'Empereur coupé en 4 tranches

225 g (1/2 lb) de graines de citrouille ou de tournesol, hachées finement

Sel et poivre du moulin

Sauce au cidre

2 échalotes grises ciselées

30 ml (2 c. à soupe) de vinaigre de cidre

125 ml (1/2 tasse) de cidre tranquille

150 g (1/3 lb) de canneberges séchées, sucrées

180 ml (3/4 tasse) de sauce demi-glace

Préparation

1. Préchauffer le four à 175 °C (350 °F).

2. Poêler les pleurotes dans du beurre.

3. Étendre les escalopes sur une planche et les aplatir. Déposer sur chaque escalope les pleurotes, puis le fromage l'Empereur, en partant du bout de l'escalope jusqu'au tiers de sa longueur. Rouler, ficeler, puis passer les roulades dans les graines de citrouille hachées. Saler et poivrer au goût.

4. Dans une poêle, faire chauffer l'huile d'olive et faire dorer les roulades sur toutes les faces. Mettre dans un plat allant au four et continuer la cuisson au four environ 4 minutes. Dans la même poêle, faire suer les échalotes et déglacer avec le vinaigre de cidre. Ajouter le cidre et les canneberges et laisser réduire jusqu'à sec. Ajouter la sauce demi-glace et rectifier l'assaisonnement.

6. Couper les roulades en deux et les placer dans l'assiette. Verser la sauce sur la viande. Accompagner de pommes de terre grelots et d'un légume vert.

Source : Veau de grain du Québec – www.veaudegrain.com
Chef : Yan Garzon, chef exécutif du restaurant Sens de l'hôtel Mortagne

Mijoté de Veau de grain du Québec
au cidre tranquille

Accord mets et cidre : cidre tranquille

Préparation : 10 minutes
Cuisson : 2 heures
Portions : 4

30 ml (2 c. à soupe) d'huile d'olive
30 ml (2 c. à soupe) de beurre
454 g (1 lb) de cubes de veau de grain
3 échalotes grises hachées ou 1 oignon
45 ml (3 c. à soupe) de farine
375 ml (1½ tasse) de cidre tranquille
15 ml (1 c. à soupe) de miel
1 céleri-rave moyen en cubes
2 à 3 pommes pelées, coupées en tranches
60 ml (4 c. à soupe) d'oignons verts
6 tomates cerises

Préparation

1. Préchauffer le four à 175 °C (350 °F).

2. Dans une marmite à fond épais, faire chauffer l'huile et le beurre et faire colorer les cubes de veau de grain en petites quantités pour éviter de faire bouillir la viande. Retirer les cubes une fois rissolés. Réserver.

3. Dans la même marmite, ajouter les échalotes et la farine et mélanger le tout dans le gras à feu moyen. Ajouter le cidre et le miel et porter à ébullition. Remettre les cubes de viande. Mettre au four et cuire 1 heure. Après ce temps, ajouter le céleri-rave et poursuivre la cuisson encore 1 heure.

4. Environ 15 minutes avant la fin de la cuisson, ajouter les tranches de pommes.

Servir sur un lit de pâtes aux épinards et décorer d'oignons verts et de tomates cerises.

Source : Veau de grain du Québec – www.veaudegrain.com
Chef : François Pellerin, Le Garde-Manger de François

Tarte aux pommes
crème d'amande et Frère Jacques

Accord mets et cidre : cidre de glace

Crème d'amande

180 ml (3/4 tasse) d'amandes en poudre
1 œuf
125 ml (1/2 tasse) de sucre

Tarte aux pommes et Frère Jacques

125 ml (1/2 tasse) d'amandes tranchées
1 fond de tarte de 9 po du commerce, précuit
3 grosses pommes MacIntosh, pelées et coupées en minces quartiers
Jus de 1/2 citron
250 ml (1 tasse) de fromage Frère Jacques, râpé
60 ml (1/4 tasse) de cassonade
5 ml (1 c. à thé) de cannelle moulue
15 ml (1 c. à soupe) de beurre, en petits morceaux
15 ml (1 c. à soupe) de farine
125 ml (1/2 tasse) de crème 35 %, fouettée

Préparation de la crème d'amande

1. Dans un bol moyen, mettre tous les ingrédients et fouetter jusqu'à ce que la préparation soit crémeuse (environ 2 à 3 minutes). Réserver.

Préparation de la tarte aux pommes et Frère Jacques

1. Préchauffer le four à 180 °C (350 °F). Déposer les amandes sur une plaque à pâtisserie et faire griller au four environ 8 minutes, jusqu'à ce qu'elles soient dorées. Réserver.

2. Tartiner le fond de tarte du mélange de crème d'amandes. Réserver.

3. Couper les pommes en minces quartiers et les déposer dans un grand bol. Les arroser de jus de citron. Ajouter le fromage, la cassonade, la cannelle, le beurre et la farine. Bien mélanger. Répartir la préparation aux pommes dans le fond de tarte.

4. Cuire au four jusqu'à ce que la pâte soit dorée et les pommes tendres (environ 30 minutes). Garnir d'amandes grillées et de crème fouettée.

Source : Fédération des producteurs de lait du Québec – www.fromagesdici.com

Les bienfaits
du cidre québécois

Dans ce chapitre, nous aborderons le cidre et ses composantes d'un point de vue nutritionnel et tenterons de démontrer les bienfaits de celui-ci sur la santé. Il ne s'agit pas d'un essai scientifique et encore moins d'un rapport d'étude clinique prouvant les vertus du cidre sur le corps humain. Comparativement aux différentes études ayant démontré les bienfaits pour le corps d'une consommation raisonnable de vin, très peu d'études ont tenté d'approfondir et d'analyser les bienfaits du cidre. Les références à ce sujet sont plutôt rares. Par ailleurs, les tableaux de la valeur nutritive, incluant la valeur énergétique et la teneur en vitamines et minéraux de certains cidres, sont accessibles dans Internet[1]. Nous les avons donc consultés et analysés pour en tirer certaines conclusions. De plus, nous avons utilisé les résultats d'analyses biochimiques de quelques cidres québécois de Val Caudalies vignoble et cidrerie ainsi que de certains cidres européens, pour nous pencher sur leur interprétation de celles-ci au niveau nutritionnel. Bien sûr, selon les variétés de cidres, la teneur en éléments nutritifs sera différente, mais certaines données directrices nous permettent de comparer les composantes du cidre avec celles du vin et des autres boissons alcoolisées. C'est en interprétant ces informations, dans un esprit de comparaison et de synthèse, que nous avons tenté de démontrer que le cidre est une boisson naturelle, contenant des nutriments, et moins calorique que la plupart des autres boissons alcoolisées. Il s'agit donc d'une solution de rechange intéressante à l'apéro ou pour accompagner vos plus délicieux repas !

Pomme et jus

Fruit de l'un des plus anciens arbres fruitiers, la pomme est un aliment aux qualités nutritionnelles impressionnantes. D'ailleurs, au XXe siècle, on croyait que la pomme avait des effets préventifs sur la maladie, d'où le célèbre dicton : «Une pomme par jour éloigne le docteur pour toujours.» Or, on sait maintenant que la pomme à elle seule ne peut avoir ce genre de bienfaits, sans toutefois nier sa richesse en éléments nutritifs. En effet, elle contient plusieurs vitamines et minéraux, en plus de contenir des fibres alimentaires. Elle est reconnue comme étant une bonne source de potassium, de manganèse, de vitamines C et K ainsi que des vitamines du complexe B. De plus, la pelure de la pomme est riche en pectine (un type de fibre soluble), qui est reconnue pour ses effets bénéfiques par rapport aux maladies cardiovasculaires et au diabète. Elle joue également un rôle dans le contrôle du cholestérol, du taux de sucre sanguin et du bon fonctionnement du système digestif.

[1] www.i-dietetique.com

La pomme contient aussi plusieurs variétés de composés phénoliques et de flavanoïdes, deux antioxydants puissants aux vertus prévenant les maladies chroniques telles que les maladies cardiovasculaires, l'asthme et certains cancers. C'est la pelure de la pomme qui détient néanmoins la majeure partie de ces antioxydants. Même avec la mention « 100 % pur », le jus de pomme ne contient pas tous les avantages du fruit frais, perdant une bonne partie de son pouvoir antioxydant et de la majeure partie des fibres alimentaires contenues dans la pelure, dont le jus est exempt. Il n'en demeure pas moins que le jus de pomme constitue une boisson naturelle contenant de la vitamine C, des vitamines du complexe B ainsi que plusieurs minéraux[2].

Vinaigre de cidre

On ne peut tenter d'évaluer les bienfaits du cidre sans faire le parallèle avec le vinaigre de cidre. Celui-ci étant utilisé depuis plusieurs décennies par nos ancêtres, autant en cuisine qu'en tant que « tonic » pour ses propriétés bienfaisantes. En effet, il est utilisé par la médecine traditionnelle comme remède naturel pour traiter les allergies, la grippe et les dermatites. À cause de son acidité, on dit qu'il est antibactérien, antiseptique, antiviral et antifongique.

Le vinaigre de cidre provient d'un cidre qui, sous l'action de bactéries et levures ainsi que d'une exposition à l'air, favorisera la production d'acide acétique et de plusieurs autres substances. Il contient plusieurs éléments nutritifs (vitamines, minéraux, acides essentielles), est particulièrement riche en potassium et contient d'autres oligo-éléments tels le phosphore, le magnésium, le fer, le cuivre et le sélénium[3].

Le cidre et ses composantes nutritionnelles

Maintenant que nous avons discuté des bienfaits de la pomme, de son jus ainsi que du vinaigre de cidre, qu'en est-il du cidre ?

Certes, il y a très peu de données concernant les bienfaits de cette boisson sur la santé. Néanmoins, on sait que le cidre est une boisson accessible, dont la matière première (la pomme) est un aliment ayant une valeur nutritive intéressante. Or, étant donné que le moût de pomme doit subir plusieurs transformations pour devenir cidre (broyage des pommes, pressage des pommes en jus, clarification des moûts, fermentation, filtration), il perd inévitablement une certaine quantité de nutriments par rapport au fruit frais. Par contre, le cidre n'en demeure pas moins une boisson aux composantes nutritionnelles indéniables.

C'est en interprétant les analyses biochimiques de différents types de cidres (léger, liquoreux, de glace québécois) et en comparant les composantes aux résultats d'analyses de différents cidres européens que nous sommes venus à la conclusion que le cidre constitue une boisson ayant une valeur nutritive supérieure à d'autres boissons alcoolisées plus couramment consommées. Une consommation raisonnable de cidre peut donc s'avérer une solution de rechange judicieuse à cesdites boissons[4].

[2] Extenso, centre de référence sur la nutrition humaine (www.extenso.org).
[3] Santé Canada, fichier canadien sur les Éléments Nutritifs –2007, disponible sur le site Internet de Santé Canada : http://www.hc-sc.gc.ca.
[4] AFSSA-Centre Informatique sur la Qualité des Aliments, Compilation A.R.P. Glouchkoff, et Table alimentaire de Jean-Paul Blanc 2002.

Nous observons en effet qu'un verre de cidre contient du calcium, du fer, du magnésium et du phosphore. Les quantités retrouvées dans le cidre sont plutôt négligeables, et on ne peut donc dire que le cidre en constitue une bonne source. Par contre, la teneur en potassium est très intéressante. En effet, un verre de cidre d'environ 250 ml peut contenir jusqu'à 12 % de l'apport quotidien recommandé en potassium[5] (valeur de référence pour les personnes de 14 ans et plus). Dans l'organisme, le potassium joue un rôle important dans le fonctionnement des systèmes nerveux et musculaire. Une carence en potassium peut entraîner des faiblesses musculaires, des troubles cardiovasculaires et même la paralysie.

En ce qui concerne les vitamines, des résidus de vitamine C (acide ascorbique) se retrouvent dans les cidres québécois, mais ne représentent pas une source comparable au fruit frais, et ce, parce que la vitamine C s'oxyde durant le processus de transformation à cause de la chaleur, de l'oxygène et de la lumière. Il est toutefois possible d'ajouter de la vitamine C, juste avant l'embouteillage, comme agent de conservation. Les producteurs qui décident d'ajouter de la vitamine C à leurs cidres le font généralement pour son effet antioxydant naturel, et non pour améliorer la valeur nutritive de leurs produits. En analysant les données biochimiques de différents cidres français, on remarque que ceux-ci contiennent jusqu'à trois fois plus de vitamine C (environ 35 mg par portion de 250 g) qu'une pomme fraîche. Dans ces cas-là, il s'agit effectivement de vitamine C qui a été ajoutée au cidre avant l'embouteillage. Outre la vitamine C, on retrouve également une certaine quantité de vitamines du complexe B, mais ce n'est pas de ce côté que le cidre se démarquera des autres boissons.

Une autre composante que l'on retrouve dans tous les cidres, mais particulièrement dans les cidres de glace, est la pectine. Il s'agit d'un type de fibre soluble, que l'on retrouve à l'état naturel dans plusieurs fruits ainsi que dans la pelure des pommes. Tel que mentionné plus haut, il ne reste que très peu des fibres de la pomme fraîche dans le cidre. En effet, le moût de pomme est, dans un premier temps, débourbé afin d'en retirer les matières solides. Ensuite, il subit l'étape de la fermentation, à la suite de laquelle il sera soutiré, clarifié, puis généralement filtré, dans le cas des cidres tranquilles. La quantité de fibres est nécessairement affectée par ce long processus de transformation. On retrouve tout de même une certaine quantité de pectine dans le cidre. Les cidres de glace et les cidres ayant subi des concentrations par la chaleur, que l'on nomme cidres de feu, contiendront beaucoup plus de pectine que les autres types de cidres. En plus d'être reconnue pour ses qualités culinaires (agent épaississant pour la confection de confiture), la pectine possède des propriétés bénéfiques pour l'organisme, notamment en ce qui concerne les maladies cardiovasculaires et le diabète. Par exemple, elle peut lier le sucre et le cholestérol lors de leur passage dans l'intestin, ce qui en diminue l'absorption. Par ailleurs, elle fait ralentir le passage des aliments dans l'intestin, ce qui prolonge l'absorption des nutriments et permet d'éviter l'augmentation trop rapide du taux de sucre sanguin[6].

---

[5] Fichier canadien sur les Éléments Nutritifs –2007, op.cit., disponible sur le site Internet de Santé Canada : http://www.hc-sc.gc.ca.

[6] Extenso, op.cit.

Finalement, si on le compare aux autres boissons alcoolisées, le cidre présente en général un pourcentage d'alcool relativement faible (entre 2,5 et 10 % en général). Pour cette raison, son apport calorique est moindre. En effet, l'ingestion d'un gramme d'alcool procure 7 calories. Donc, plus une boisson a une concentration élevée en alcool, plus sa valeur énergétique sera grande. Par exemple, un verre de cidre sec de 150 ml contenant 10 % d'alcool procure un apport énergétique d'environ 85 calories. En comparaison, pour un même volume, un vin rouge de 11,5 % d'alcool contient 110 calories et un alcool fort (p. ex., le rhum, 40 %), 325[7]. Outre sa teneur en alcool, l'apport énergétique d'un cidre varie selon sa teneur en sucres résiduels, c'est-à-dire la quantité de sucres présents dans le produit final. Il peut s'agir de sucre ajouté (p. ex., sucre blanc, moût de pomme concentré) à la fin du processus de fabrication ou bien du sucre naturel de la pomme (principalement du fructose et du glucose), non fermenté et préservé dans le produit. C'est le cas, entre autres, du cidre de glace qui ne contient aucun sucre ajouté mais dont on a concentré par le froid le fructose de la pomme, lui donnant toute sa texture et ses arômes particuliers.

Antioxydants

On ne saurait discuter des bienfaits du cidre de pomme sur la santé sans mentionner un autre élément important de sa composition, soit sa teneur en polyphénols. Il s'agit de molécules aux propriétés antioxydantes, que l'on retrouve à l'état naturel dans les fruits (dont la pomme), les légumes, le vin rouge et le thé vert. Cette substance végétale, que l'on peut également appeler tannins, serait à l'origine de son goût amer et parfois astringent.

Jusqu'à maintenant, le cidre n'a pas fait l'objet de recherches cliniques pouvant confirmer ses effets sur l'être humain. Cependant, des chercheurs bretons affirment que les polyphénols du cidre possèdent les mêmes vertus bénéfiques que celles du vin rouge en ce qui a trait aux maladies cardiovasculaires, au cancer et à certaines maladies dégénératives[8]. Il est important de mentionner que la teneur en polyphénols des différentes variétés de cidres diffère selon le type de pommes utilisées. En effet, les pommes dites « à cidre » utilisées pour élaborer les cidres de cette région (la Bretagne), contiennent 2 à 5 fois plus de polyphénols que les variétés de pommes dites « de table », plus sucrées et moins amères. Sachant qu'en général on utilise des pommes de table pour élaborer nos cidres au Québec, il est certain qu'on y retrouve une quantité moindre de polyphénols que dans les cidres analysés en Bretagne. Néanmoins, dans une société où on encourage de saines habitudes alimentaires et où les bienfaits des antioxydants sur la santé ne sont plus à prouver, le cidre constitue une boisson de choix.

En plus de leurs propriétés bénéfiques sur la prévention de certaines maladies, on dit que les polyphénols auraient également des effets bénéfiques pour la peau. En effet, les polyphénols agiraient en combattant les radicaux libres responsables du vieillissement de la peau. Pour cette raison, certains hôteliers offrent même les bienfaits du cidre de façon créative dans leur centre de santé.

---

[7] Fichier canadien sur les Éléments Nutritifs –2007, op.cit.

[8] www.britia.com

Entre autres, l'hôtel et spa du Château Bonne Entente, à Québec, offre des soins exfoliants régénérateurs et des enveloppements anti-âge à l'Élixir au cidre de glace ! Utile, créatif et tellement relaxant !

Pas surprenant quand on sait que le vinaigre de cidre présente un pH semblable à celui de la peau et est utilisé dans la confection de crèmes hydratantes naturelles et comme masque facial. Les acides contenus dans le vinaigre de cidre, tout comme ceux contenus dans le cidre lui-même, aident notre organisme à redonner un pH plus équilibrer à notre peau lorsqu'ils sont appliqués sur celle-ci. D'ailleurs, ces acides favoriseraient le bon fonctionnement de notre métabolisme et renforceraient le système immunitaire. Cela étant dit, aucune étude scientifique n'a été réalisée à ce jour pour étayer ces thèses.

Voici deux suggestions de recettes réalisées avec du vinaigre de cidre ou du cidre; idéal pour un petit spa maison.

Crème hydratante
au vinaigre de cidre

45 ml (3 c. à soupe) d'huile d'olive
45 ml (3 c. à soupe) d'huile de germe de blé
45 ml (3 c. à soupe) d'huile de tournesol
45 ml (3 c. à soupe) de vinaigre de cidre ou de cidre
4 jaunes d'œufs

Préparation

Les ingrédients doivent être à la température ambiante. Bien mélanger le tout.

Masque calmant
pour peau sensible

60 ml (4 c. à soupe) de farine d'avoine
15 ml (1 c. à soupe) de vinaigre de cidre ou de cidre
45 ml (3 c. à soupe) d'eau

Préparation

Diluer le vinaigre ou le cidre dans l'eau, puis mélanger avec la farine de façon à obtenir une pâte épaisse. Appliquer uniformément sur le visage et garder jusqu'à ce que le tout soit bien sec. Laver alors le visage à l'eau tiède.

Source : www.servicevie.com

Les levures

Les levures sont des champignons microscopiques utilisés, entre autres, pour faire lever la pâte à pain ou pour la fermentation des boissons alcoolisées telles que le vin, la bière et le cidre. Elles sont riches en protéines et en vitamines du complexe B. Pour cette raison, certains types de levures sont même utilisés comme supplément alimentaire ! (Source : servicevie.com)

Certains cidres peuvent contenir des résidus de levure; c'est le cas, entre autres, des cidres mousseux issus de la méthode classique (que l'on appelle aussi cidres bouchés). En effet, les levures demeurent dans la bouteille pour former une fine lie au fond de celle-ci. Lorsqu'on sert ce type de cidre, on évite de verser la lie car la présence de levure affecte les propriétés organoleptiques du cidre (apparence visuelle, goût et consistance). En réalité, on pourrait la boire puisque ce n'est pas toxique, d'autant plus que cela pourrait contribuer à notre apport en vitamines du complexe B!

Les sulfites

Le cidre est considéré comme un aliment naturel qui, dans la plupart des cas, ne contient pas de colorant ajouté et aucun arôme artificiel. Il faut néanmoins mentionner la présence d'un type d'additif alimentaire jouant le rôle d'agent de conservation : les sulfites. L'anhydride sulfureux, ou métabisulfite de potassium, communément appelé sulfite, est utilisé dans l'élaboration et la conservation du cidre pour préserver sa fraîcheur et prolonger sa durée de conservation. Certains producteurs de cidre n'utilisent pas de sulfites comme agent de conservation et doivent être vigilants pour minimiser le processus d'oxydation. Lors de l'élaboration des cidres qui contiennent des sucres résiduels et auxquels aucun alcool n'est ajouté, leur utilisation est essentielle afin d'empêcher la possibilité qu'à long terme la fermentation ne reprenne en bouteille.

Le métabisulfite de potassium est un sulfite inorganique qui contient du dioxyde de soufre (SO_2). On l'utilise pour prévenir l'oxydation des vins, des cidres et aussi de certains jus de fruits et fruits séchés. Cela permet de maintenir non seulement la fraîcheur et la salubrité des aliments, mais aussi leur durée de vie en les protégeant contre les détériorations causées par l'oxydation et les micro-organismes. Il empêche donc la croissance des bactéries, des levures et des moisissures dans les aliments. Il peut également être utilisé comme agent de nettoyage du matériel de cidrification. Il est important de mentionner que l'utilisation des sulfites en tant qu'additif alimentaire est réglementée par Santé Canada. Malgré tout, on peut réagir à leur présence dans les aliments. Cette sensibilité est une réaction allergique qui provoque plusieurs effets indésirables dont la gravité varie d'une personne à une autre. Il peut s'agir de bouffées de chaleur, voire d'épisode d'anaphylaxie (état de choc dont les symptômes varient : difficultés respiratoires, chute de la tension artérielle, perte de conscience), ce qui représente la forme la plus grave de réaction allergique. Cela dit, il n'y a en général aucun risque à consommer des sulfites. Si, par contre, vous êtes sensible aux sulfites, le seul traitement existant est d'éviter de consommer les aliments pouvant en contenir[9].

[9] Santé Canada (www.hc-sc.gc.ca)

On retrouve au Québec certaines variétés de cidres qui ne contiennent pas de sulfites. Bien qu'on ne puisse pas retrouver ces cidres à la SAQ en raison des normes qu'elle a établies, les gens sensibles à cet allergène pourront tout de même déguster un bon cidre en se le procurant directement chez le producteur et dans les marchés publics.

Le dioxyde de soufre est donc un allié précieux du cidriculteur, à condition qu'il soit utilisé judicieusement car, dans le cas contraire, il peut être à l'origine d'odeurs et de goûts indésirables. Il est donc primordial de limiter son utilisation[10].

Il existe très peu de données dans la littérature actuelle concernant les propriétés du cidre sur la santé. Malgré tout, on peut affirmer qu'il s'agit d'une boisson dont la matière première est un aliment aux qualités nutritionnelles indéniables et qu'il ne contient aucun arôme artificiel. Lorsqu'il est consommé avec modération, il offre une valeur nutritive intéressante. Sa teneur en différents minéraux, dont une quantité non négligeable de potassium, ainsi qu'en vitamine C, lorsqu'elle est ajoutée avant l'embouteillage, en fait une solution de rechange santé par rapport à d'autres types de boissons alcoolisées. De plus, son pourcentage d'alcool généralement faible (par rapport aux vins, aux apéritifs et aux spiritueux) représente un apport calorique moindre, ce qui est idéal dans une perspective de poids santé. Il faut cependant tenir compte également de la teneur en sucres résiduels (plus elle est grande, plus l'apport calorique est élevé). Donc, non seulement pour son goût et son authenticité mais également pour ses bienfaits pour la santé, le cidre a toutes les raisons de se retrouver sur nos tables !

[10] Santé Canada, www.hc-sc.gc.ca

Répertoire des cidreries
du Québec

Nous avons répertorié 50 cidreries actives. La Régie des alcools, des courses et des jeux du Québec (RACJQ) nous indique qu'il y avait en 2008 un total de 66 permis de production de cidre valides (permis artisanaux et industriels confondus). Certains détenteurs ne produisent probablement plus de cidre et d'autres n'ont jamais pu être rejoints et ne disposent pas d'un site Internet.

Les renseignements contenus dans ce répertoire nous ont été fournis par les entreprises y figurant ou ont été obtenus par l'intermédiaire de sites ou d'articles crédibles disponibles dans la Toile.

Les quelques portraits de cidreries québécoises que ce répertoire contient ont été rédigés à la suite de rencontres avec les propriétaires des différents établissements. Notre intention ici n'est pas d'offrir une perspective représentative de l'ensemble des établissements cidricoles de la province, ni leur répartition géographique. Ils permettront cependant de bien saisir les différences importantes entre les divers producteurs en termes de dimensions (taille de l'entreprise, du verger, de la production; nombre d'années en opération, etc.) et d'orientation commerciale (image de marque, philosophie générale, styles des produits, exportation, etc.). Les cidreries visitées divergent beaucoup quant à leurs différents aspects, mais cela ne fait que mettre en lumière une diversité captivante au sein de cette jeune industrie, diversité qui débouche sur une variété de produits originaux et bien de chez nous. Des cidres de toutes sortes qui se mesurent avec succès et sans complexes aux autres alcools fins venus des quatre coins du monde.

CANTONS DE L'EST

Abbaye Saint-Benoît

Saint-Benoît-du-Lac • www.st-benoit-du-lac.com
1912 : début de la production pour les besoins de la communauté religieuse
Depuis 1970 : production artisanale

Cidres :   Cidre de l'Abbaye, cidre effervescent (méthode champenoise) (sec) 7 %
Cidre St-Benoît, cidre effervescent (méthode champenoise)
Cidre de l'Abbaye, cidre effervescent (méthode champenoise) (doux)
Cidre St-Benoît, cidre effervescent (méthode champenoise) (demi-sec)
Kir Abbatial, cidre effervescent aromatisé (cassis)

Variétés de pommes : Cortland, Lobo, McIntosh, Melba, Jersey Mac, Paulared, Kent, Russet,
Spartan, Empire

Moines bénédictins de Saint-Benoît-du-Lac
Maître de chai : père Gilbert Garant

L'abbaye de Saint-Benoît, à Saint-Benoît-du-Lac, près de Magog en Estrie, est un lieu de piété et de recueillement que les Pères bénédictins partagent généreusement avec leurs nombreux visiteurs. Déjà lors de l'établissement de l'ordre religieux en ces lieux en 1912, le cidre était élaboré pour la consommation de la communauté. C'est en 1970, lors de l'adoption de la nouvelle législation de l'époque, que l'Abbaye obtient son permis de production de cidre, un des premiers permis délivré en ce sens par la Régie des alcools du Québec.

Abbaye Saint-Benoît

C'est le père Gilbert Garant qui est le maître d'œuvre des cidres de l'Abbaye de Saint-Benoît depuis ce jour, œuvrant avec passion, rigueur et une grande finesse. Il nous offre des cidres effervescents authentiques et généreux issus de la méthode traditionnelle (champenoise) : « L'élaboration des cidres doit se faire dans un esprit d'humilité et de respect envers le fruit; il faut apprendre à s'ajuster avec la nature car pour le cidre bien fait, tout est une question d'équilibre entre les saveurs acides, aromatiques et amères. L'assemblage des différentes variétés de pommes variera d'année en année en fonction des conditions climatiques et des caractéristiques des fruits », explique le père Garant. Il faut mentionner que ce cidriculteur expérimenté a sa façon bien naturelle d'élaborer ses cidres depuis plus de quatre décennies. Seules les levures naturelles font partie de la fermentation des moûts de pomme, et aucun sulfite n'est ajouté dans le processus d'élaboration : « Pendant sa fabrication, un bon cidre doit fuir l'oxydation, et on peut y arriver sans agent de conservation », affirme le père Garant. Nous fumes privilégiés de rencontrer ce pionnier de l'industrie cidricole du Québec, et c'est avec beaucoup d'enthousiasme et de jovialité que ce dernier a partagé avec nous son expertise. En toute simplicité, nous avons partagé ensemble le cidre mousseux de l'Abbaye de Saint-Benoît, accompagné, pour notre plus grand bonheur, de fromages de la fromagerie de l'Abbaye. Il n'est pas dans la philosophie de la cidrerie de rechercher les médailles et les honneurs; leurs cidres, élaborés dans le respect des traditions et du fruit, sont pourtant reconnus par les amateurs pour leur finesse et la légèreté de leurs bulles. Ces cidres effervescents uniques sont disponibles exclusivement à la boutique de l'Abbaye de Saint-Benoît-du-Lac.

Cidrerie Fleurs de Pommiers

1047, route 202, Dunham • www.fleursdepommiers.ca • Depuis 2001

Cidres : Cuvée de la Pommeraye, cidre effervescent (méthode traditionnelle sur lies), 8 %
La Réserve, cidre fort (sec) (élevé en fûts de chêne), 9 %
Blanc de Pomme, cidre léger (doux), 7 %
Clé des Champs, cidre fort aromatisé (cassis, fraise, framboise, mûre) (demi-sec), 8 %
Cuvée de Noël, cidre fort aromatisé (cassis, fraise, framboise, mûre) (demi-sec), 9 %
Pommeau d'Or, cidre apéritif (cidre de feu), 16,5 %

Variétés de pommes : McIntosh, Cortland, Spartan, Empire, Russet et Délicieuse

Steve, Hélène et Stéphanie Levasseur

Clos Saragnat

100, Chemin Richford, Frelighsburg • www.saragnat.com • www.cidredeglace.org • Depuis 2002

Cidres : L'Original, cidre de glace, 11 %
L'Amer, cidre apéritif aromatisé (herbes)
L'Apéro, cidre apéritif (vieilli 4 à 5 ans)

Variétés de pommes : Ils ont quelques arbres de variétés connues telles que la Liberty, mais ce sont surtout des pommes anciennes, rares ou oubliées. Des variétés provenant de collections privées, des pommes sauvages... Parmi celles-ci : la Mme Langevin, la Route 237.

Christian Barthomeuf et Louise Dupuis

Christian Barthomeuf, le père du cidre de glace

Christian Barthomeuf est le père du cidre de glace tel qu'on le connaît aujour-d'hui. *La Fundacion de la Sidra* espagnole a d'ailleurs décerné en 2007 sont prestigieux prix PREMIO à M. Barthomeuf, lui reconnaissant la paternité de la recette du premier cidre de glace, élaboré en 1989.

Depuis 2002, Christian Barthomeuf et Louise Dupuis se consacrent, entre autres, à leur vignoble et à leur verger biologiques situés à Frelighsburg, dont ils récoltent les fruits en vue d'élaborer d'authentiques cidres de glace et apéritifs, ainsi que du vin de paille et du vin de glace, tous fermentés à l'aide de levures indigènes. Car le mot d'ordre au Clos Saragnat est : Nature! Des fruits issus d'une agriculture biologique et un mode de production à échelle humaine. Même le tracteur a été banni des aires de culture au bénéfice des chevaux ! Et certaines des bouteilles sont confectionnées sur place... Pas étonnant que les produits du Clos Saragnat soient dans une classe à part. Ils sont le reflet d'une philosophie où les compromis n'ont pas leur place.

On pourrait croire que Christian Barthomeuf, le maestro derrière l'élaboration des produits du Clos Saragnat, est d'un radicalisme exagéré lorsqu'on lui parle de la pharmacopée moderne et des techniques d'élaboration du cidre à la fine pointe. Car il n'y croit pas vraiment. «Seul le temps et les interventions de la nature devraient façonner le cidre, pas la technologie ni les additifs divers.» Et si, par malheur, les conditions météorologiques nécessaires à une production de qualité n'étaient pas au rendez-vous une année ? «Je préférerais sacrifier ma production dans ce millésime !» Peut-être un peu radical, oui, mais ce purisme a un goût sublime au Clos Saragnat.

Après une prolifique carrière à titre de consultant, à élaborer les cidres de glace qui allaient faire connaître des cidreries aujourd'hui incontournables telles que La Face Cachée de la Pomme et le Domaine Pinnacle (35 médailles d'Or), M. Barthomeuf en a vu de toutes les sortes, et il est particulièrement intransigeant envers les producteurs d'imitations et les faux cidres de glace qui se sont trouvés sur son passage. De son point de vue, le principal défi du cidre de glace québécois est, et demeure, la création d'une appellation contrôlée qui serait encadrée par une réglementation crédible et qui protégerait justement l'industrie québécoise des mauvaises imitations provenant autant du territoire québécois que de l'étranger. Il recommande aux consommateurs d'oser poser des questions lorsqu'ils désirent se procurer un produit authentiquement élaboré. Comme les siens !

Une identité nordique particulière...

Durant une décennie, de son invention jusqu'en 1999, le cidre de glace ne pouvait être officiellement nommé ainsi puisque les autorités refusaient cette dénomination. Il s'appelait alors cidre fort, cidre liquoreux ou cidre fort doux. En juillet 1999, la cidrerie Saint-Nicolas obtenait enfin l'autorisation de l'appeler « cidre de glace », un nom qui « parle » et qui reflète beaucoup mieux son originalité et son identité nordique si particulière!

Domaine Félibre

740, chemin Bean, Stanstead • www.domainefelibre.com • Depuis 1998

Cidres : Givré, cidre de glace, 11 %
Rouge, cidre léger aromatisé (petits fruits), 7 %
Passion, cidre léger aromatisé (fruits exotiques), 7 %
Rosé, cidre léger aromatisé (framboise), 7 %
Péché, cidre léger aromatisé (pêche et abricot), 7 %
Fruit Défendu, cidre fort (perlant), 10 %

Variétés de pommes : MacBarry, PaulaRed, Melba

Domaine Pinnacle

150, chemin Richford, Frelighsburg • www.domainepinnacle.com •Depuis 2000

Cidres : Domaine Pinnacle, cidre de glace, 11 %
Domaine Pinnacle, cidre de glace effervescent, 11 %
Cidre de glace Signature Réserve Spéciale, 11 %
Crème de Pommes au cidre de glace, 15 %
Réserve 1859, eau-de-vie de pommes et cidre de glace, 16 %
Domaine Pinnacle, cidre fort, 12 %
Domaine Pinnacle, cidre pétillant, 12 %

Variétés de pommes : McIntosh, Cortland, Empire, Spartan, Fameuse et des variétés gardées secrètes...

Charles Crawford et Susan Reid

Charles Crawford, Domaine Pinnacle

Ferme Pérignon

1540, route 143, Hatley • www.cassisperignon.com

Cidres :   Le Kir Massawippi, cidre léger aromatisé (cassis), 7 %

Variétés de pommes : MacBarry, Paulared, Melba

Les Vergers de la Colline

5, route 137, Sainte-Cécile-de-Milton • www.lesvergersdelacolline.com • Depuis 2002

Cidres :   Perle, cidre effervescent, 5 %
Charme Printanier, cidre léger, 5 %
Rose, cidre léger rosé, 6,5 %
Promesse d'Automne, cidre fort, 8,5 %
L'Ancestral, cidre fort, 11 %
Le Glacé, cidre de glace, 10,5 %
L'Ensorceleuse, mistelle de pomme, 15 %
L'exotique
Cuvée Précieuse

Variétés de pommes : McIntosh, Spartan, Cortland, Empire, Golden Russet, Gala, Honey Crisp, Dolgo, Geneva et plusieurs variétés à l'essai dont Pinova et Rubinette

Michel Lasnier et Josée Pépin Lasnier
Maître de chai : Marc-Antoine Lasnier

Les Vergers de la Colline

Les Vergers de la Colline est une entreprise dont les origines remontent à 1927, la tradition pomicole s'étant transmise chez les Lasnier de génération en génération depuis cette époque. Aujourd'hui, Les Vergers de la Colline est beaucoup plus qu'un magnifique et immense verger, c'est également une confiturerie, une pâtisserie et une cidrerie réunies dans une charmante boutique champêtre. Si la famille élaborait déjà des cidres artisanaux pour ses besoins et ceux de leurs proches et invités à la fin des années 1960, c'est désormais Marc-Antoine, arrière-petit-fils du premier pomiculteur de la famille, Valérien Lasnier, qui dirige les opérations cidricoles. Les activités de la cidrerie ne nécessitent qu'environ 3 % de toute la production de pommes de la famille Lasnier, et Marc-Antoine veille aujourd'hui à l'élaboration de cidres et mistelle originaux et savoureux. Et il s'assure d'y mettre le temps qu'il faut. Sa vision du développement de sa cidrerie mise sur le long terme; une philosophie qui met l'accent sur la qualité. C'est d'ailleurs pourquoi il laisse vieillir ses cidres quelques années avant de les mettre en vente. C'est aussi la raison pour laquelle Les Vergers de la Colline expérimente la culture de nouvelles variétés de pommes tout en misant sur l'innovation, pour offrir à une clientèle de plus en plus avisée des cidres de haut niveau. Selon M. Lasnier, les connaissances générales du grand public en ce qui concerne les cidres québécois commencent lentement à s'améliorer et son intérêt envers ces produits ne se dément pas. Mais il aimerait « que le cidre devienne davantage un produit de consommation courante et ne soit pas uniquement associé aux occasions spéciales ou offert en cadeau ». Gageons que sous sa dynamique gouvernance, Les Vergers de la Colline continuera d'épater les dégustateurs de partout par l'entremise de ses cidres raffinés et sans compromis. Presque tous les produits de la cidrerie ont mérité, dans les dernières années, des récompenses prestigieuses à l'occasion de divers concours de dégustation nationaux et internationaux.

Val Caudalies, vignoble et cidrerie

4921, rue Principale, Dunham • www.valcaudalies.com • Depuis 2005

Cidres : Humeur d'Éole, cidre liquoreux, 10 %
Réserve d'Éole, cidre de glace, 11 %
Léger d'Éole, cidre léger pétillant, 5,5 %

Variétés de pommes : Empire, Spartan, Liberty, McIntosh, RedCort, Cortland

Guillaume Leroux, Alexis Perron, Julien Vaillancourt

Julien Vaillancourt, Alexis Perron et Guillaume Leroux

Val Caudalies, vignoble et cidrerie, est une entreprise de Dunham qui se consacre à la production artisanale de cidres et de vins. Mise sur pied en 2005 par trois copains de longue date, Val Caudalies offre déjà, quelques années plus tard, trois vins et trois cidres de haute qualité qui font le bonheur des palais les plus expérimentés en la matière. Les cidres de Val Caudalies ont mérité, ces dernières années, plusieurs récompenses prestigieuses dans divers concours de dégustation, et l'entreprise a su prendre sa place aux côtés des meilleurs producteurs du terroir québécois. Lauréate locale et régionale du Concours québécois en entrepreneuriat à ses débuts, l'entreprise a su mettre en œuvre un plan d'affaires rigoureux, motivée par une réelle passion pour les produits alcoolisés du terroir québécois. Guillaume Leroux, Alexis Perron et Julien Vaillancourt sont les trois dirigeants du vignoble et de la cidrerie. Ils ont en commun cette passion des cidres de qualité, ceux-là même qui sont en train de positionner avantageusement la belle province dans l'univers des alcools fins. Ils produisent trois cidres : un cidre de glace « réserve » (haut de gamme), obtenu par cryoextraction; un cidre liquoreux tout en fraîcheur, obtenu par cryoconcentration et un cidre léger effervescent. Val Caudalies mise sur une production modeste en quantité mais de grande qualité. Rien n'est laissé au hasard et aucun effort n'est ménagé afin d'élaborer des cidres authentiques qui sont à la fois le reflet d'un excellent terroir et le résultat d'un savoir-faire perfectionné. L'entreprise s'affirme déjà comme un producteur soucieux de faire rimer haute qualité avec production artisanale. Située à Dunham, dans les Cantons de l'Est, Val Caudalies représente bien la nouvelle génération des cidriculteurs québécois, animés du désir de perpétuer une tradition forte et convaincus que la pérennité du cidre québécois passe par une offre de produits irréprochables et savoureux.

CHARLEVOIX

Cidres et Vergers Pedneault

3384, ch. des Coudriers, Isle-aux-Coudres • www.vergerspedneault.com
1912 : début de la production pour les besoins de la communauté religieuse
Depuis 1999

Cidres : Le Blanchon, cidre effervescent, 6,5 %
De l'Isle aux Bleuets, cidre effervescent aromatisé, 6,5 %
L'Or de l'Isle-aux-Coudres, cidre effervescent aromatisé (poire), 6 %
Le Pierre-Étienne, cidre bouché sur lie, cidre effervescent (méthode traditionnelle), 5,5 %
Pommes Gelées, cidre de glace, 7 %
Le Glacier, cidre fort, 9,5 %
Dame Prune, cidre léger aromatisé, 6,5 %
Cerisier Rose et Pommier Blanc, cidre apéritif aromatisé (cerise), 15,5 %
L'Ombre du Coteau, cidre apéritif aromatisé (prune), 15,5 %
L'Envolée, cidre apéritif aromatisé (poire), 15,5 %
La Petite Poire, cidre apéritif aromatisé (amélanchier du Canada), 15,5 %
Matins d'Automne, cidre léger (sec), 6 %
Rêve de mon Père, cidre fort, 10 %
Le Vieux Verger, cidre fort, 10 %
Écume de Mer, cidre effervescent, 8 %

Variétés de pommes : Melba, Duchesse, Antonovka, Lobo, Wealthy, McIntosh, Fameuse, Lofem, Cortland, Délicieuse

Famille Pedneault

CHAUDIÈRE-APPALACHES

Cidrerie du Haut St-Jean, division Les Roy de la Pomme

1020, rue Principale, Saint-Jean-de-la-Lande
1912 : début de la production pour les besoins de la communauté religieuse
Depuis 2006

Cidres : Le Plaisir de la Pomme, cidre léger, 6,8 %
Clair de Lune, cidre léger aromatisé (fraise et framboise), 6,8 %
Pleine Lune, cidre fort aromatisé (fraise et framboise), 12 %
Cool, cidre effervescent aromatisé (fraise et framboise), 5 %
Le Saint-Jean, cidre effervescent, 6,8 %
Crémant Le Royal, cidre effervescent, 2,5 %
Le Pignon vert, cidre effervescent, 5 %
Le Frileux beauceron, cidre de glace, 7 %
Le Mousseux de glace, cidre de glace effervescent, 7 %
Le Plaisir de la pomme
Pomme cerise, cidre fort aromatisé, 10 %

Variétés de pommes : McIntosh, Cortland, Spartan , Liberty

Lise Breton et Elphège Roy

Cidrerie et Verger À l'Orée du Bois

3158, route Marie Victorin, Saint-Antoine-de-Tilly • www.verger-oreedubois.com
Depuis 1998

Cidres : Délice du verger, cidre fort (sec), 7,5 %   Le Seigneur de Tilly, cidre fort (fruité), 9,5 %
Bonté divine, cidre fort effervescent, 11,5 %   Côte Saint-Antoine, nouvelle création
La pomme chantée, cidre de glace, 11,5 %
Douceur d'autrefois, cidre apéritif (de glace), 16,5 %

Variétés de pommes : Jersey Mac, Melba, Paulared, Lobo, McIntosh, Spartan, Redcort, Cortland, Honey Crisp, Liberty

Cidrerie et Verger Saint-Antoine

3101, Marie-Victorin, Saint-Antoine-de-Tilly • http://webperso.mediom.qc.ca/~emileaub

Cidres : Soir d'Hiver, cidre de glace, 10%
Parfum d'Automne, cidre léger, 6%,
Marie-Stella, cidre effervescent (méthode champenoise), 7%
Perce-Neige, cidre fort, 10%
Airelle, mistelle de pomme aromatisée (canneberge et miel), 18%
Miellée, mistelle de pomme aromatisée (miel), 17%

Variétés de pommes : Lodi, Paulared, Redfree, Lobo, Jonamac, McIntosh, McPionneer, Spartan, Cortland, HoneyCrisp, Liberty.

Émile Aubin et Sylvie Delisle

Cidrerie La Pomme du St-Laurent

503, chemin Bellevue Ouest, Cap-St-Ignace • www.cotesud.net/lapommedustlaurent/index.htm
Depuis 2001

Cidres : Rosé des Appalaches, cidre fort aromatisé (canneberge), 11 %
Le St-Laurent, cidre fort, 10 %
Verger de glace, cidre de glace, 9,5 %
Vaillant, nouvelle création à découvrir...

Variétés de pommes : Cortland, Mcintosh et Lobo

Suzanne Gagné

Cidrerie St-Nicolas

2068, Rte Marie-Victorin, Saint-Nicolas
Depuis 1994

Cidres : Baiser Volé, cidre léger, 2,8 %
Crémant St-Nicolas, cidre effervescent, 2,8 %
L'Esprit des Vergers, cidre fort, 11 %
Glace du Verger, cidre de glace, 7 %
Le Cidre St-Nicolas Brut, cidre effervescent (sec), 8,5 %
St-Nicolas Rosé, cidre effervescent aromatisé (fraise et framboise), 6,9 %
Le Vire Crêpe, cidre léger, 6,8 %
Pom'Or Tradition, cidre léger effervescent, 6,8 %
Pommes Sauvages, cidre liquoreux, 11 %

Produits tous disponibles à la SAQ.

Variétés de pommes : McIntosh, Cortland, Honey Crisp

Pierre Lafond et Patricia Daignault

Casa Breton Verger & Vignoble

270, chemin Jean-Guérin-Ouest, St-Henri de Lévis • www.casabreton.com
Depuis 1998

Cidres : Saveurs d'Automne, cidre léger effervescent (méthode traditionnelle), 7 %
Le Céleste, cidre léger aromatisé (bleuet et prune), 7 %
Le Léger, cidre léger (demi-sec), 5 %
Le Givré, cidre de glace, 9,5 %
Le Jaseur, cidre apéritif aromatisé (petits fruits), 15 %
Pomme royal, mistelle de pomme et prune, 18 %

Variétés de pommes : McIntosh, Cortland, Spartan, Lobo

Jean-Paul Breton et Lisette Casabon

LANAUDIÈRE

Clos St-Ignace

756, rang Saint-Isidore, Saint-Ignace-de-Loyola • www.clos-st-ignace.com
Depuis 2005

Cidres :   Glace des Épouffètes, cidre de glace, 11 %

Variétés de pommes : Belmac, Freedom, Liberty et Primevère

Guy Chapleau et Guylaine Fauteux

LAURENTIDES

Antolino Brongo

1840, rang du Domaine, Saint-Joseph-du-Lac • www.cryomalus.com
Depuis 2007

Cidres :   Cryomalus, cidre de glace, 10 %

Variétés de pommes : McIntosh, Cortland, Lobo, Spartan, Empire

Patricio Brongo, Daniel Brongo et Francisco Antolino

Cidrerie du verger Gervais et Labelle

1673, chemin principal, Saint-Joseph-du-Lac • www.vergerpommalefun.com

Cidres :   Tempête, cidre de glace

Variétés de pommes : 12 variétés dont McIntosh, Spartan, Lobo, Cortland, Empire

Marie Danièle Gervais et Robert Labelle

Domaine des Glaces

878, chemin Principal, Saint-Joseph-du-Lac • www.domainedesglaces.com
Depuis 2002

Cidres :   Magie de Glace, cidre de glace

Variétés de pommes : inconnues

Christian Samson et Daniel Bourget

Domaine Lafrance, cidrerie

1473, chemin Principal, Saint-Joseph-du-Lac • www.lesvergerslafrance.com
Depuis 1994

Cidres : Domaine Lafrance, cidre de glace, 10 %
Domaine Lafrance cuvée spéciale, cidre de glace, 10 %
Bouquet sur Glace, cidre de glace, 10 %
Le Tonnelet, cidre apéritif, 17 %
Légende d'automne, cidre fort, 9 %
Jardin d'Éden, cidre fort, 12 %
Pressoir du Faubourg, cidre fort, 13 %
Bouquet de Fruits, cidre aromatisé, 11 %
Cidrérable, boisson au cidre et à l'érable, 12 %
Cuvée Lafrance, cidre effervescent (méthode champenoise), 11 %
Bourgeon Doré, cidre effervescent, 7 %
Rosé des Bois, cidre effervescent aromatisé (framboise), 6,5 %
Le Petit Villageois, cidre effervescent (méthode traditionnelle sur lies [cidre bouché]), 7,5 %

Variétés de pommes : Jaune transparente, Empire, Quinte, Délicieuse rouge, Melba, Wolf river, Vista bella, Cortland, Milton, Royal Gala, Jersey Mac, Honey Gold, Paulared, Golden Russet, Lobo, McIntosh, Spartan

Éric Lafrance et Julie Hubert

Domaine Lafrance, cidrerie, c'est l'histoire de quatre générations de pomiculteurs de Saint-Joseph-du-Lac. La passion du métier s'est transmise de père en fils, assurant ainsi une relève familiale animée et expérimentée. Le propriétaire actuel, Éric Lafrance, arrière petit-fils du fondateur, et son épouse, Julie Hubert, assurent maintenant la relève du terroir familial. Ils nous proposent une entreprise de pomiculture transformée, à l'image du dynamisme de la nouvelle génération Lafrance. Depuis plus d'une dizaine d'années, les propriétaires ont bâti un magnifique domaine agro-touristique, offrant des installations de style européen où on a su transformer et magnifier la pomme en de multiples produits de grande qualité. Les Vergers Lafrance accueillent près de 100 000 visiteurs chaque année. On y trouve une boutique et une pâtisserie, remplie de succulents produits de la pomme, le Café-Terrasse, garantissant une vue imprenable sur les pommiers, la cuisine du verger, parfumée de merveilleux plats cuisinés à l'ancienne et, bien sûr, la cidrerie artisanale produisant 15 cidres distincts. Plusieurs dégustations sont offertes sur place, permettant de découvrir une vaste gamme de cidres médaillés : des apéros/digestifs, des cidres tranquilles et des mousseux, sans oublier, il va de soi, leur spécialité, les cidres de glace. Chacun d'eux est patiemment élaboré dans la pure tradition artisanale des Vergers Lafrance, misant avant tout sur l'authenticité et la qualité. « C'est pour moi une véritable passion d'être cidriculteur au Québec. Je prends beaucoup de plaisir à expérimenter différentes variétés de pommes dans de multiples assemblages; c'est en choisissant les meilleurs pommes et en effectuant des assemblages judicieux qu'on obtient les cidres de qualité des Vergers Lafrance», a affirmé Éric Lafrance lors du Colloque national sur le cidre, tenu le 12 février 2009, à Mont Saint-Hilaire.

Domaine Lafrance, cidrerie

Intermiel

10291, rang La Fresnière, Mirabel (Saint-Benoît) • www.intermiel.com
Depuis 2005

Cidres :   Macle, cidre de glace, 10,5 %

Variétés de pommes : Lobo, McIntosh, Cortland, Red Coat, Melba, Racette, Spartan, Empire

Eléonore, Viviane et Christian Macle

Les Produits Fins Fabrice Lafon

1202, rue Principale, Saint-Joseph-du-Lac • www.fabricelafon.com
Depuis 2007

Cidres :   Cidre de glace 2007, cidre de glace, 7,5 %   Cidre de glace 2007, cidre de glace, 10 %
Cidre hivernal 2007, cidre liquoreux, 7 %

Variétés de pommes : McIntosh, Royal Gala, Lobo, Spartan, Empire, Cortland et Golden Russet

Fabrice Lafon

Verger Lacroix

649, principal Saint-Joseph-du-Lac
www.vergerlacroix.ca
Depuis 2004

Cidres :   Givre de St-Joseph, cidre de glace, 10 %
L'art du givre, cidre de glace, 10 %
Gabélianne, cidre effervescent, 8 %
Brise de St-Joseph, cidre léger, 6,5 %
Rosélianne, cidre effervescent
aromatisé (framboise), 6,5 %
Feu sacré, cidre apéritif (cidre de feu), 16 %

Variétés de pommes : Lobo, Cortland, Spartan,
Empire, McIntosh, Melba, Honey Crisp, Jersey Mac,
Paulared, Gala

Pascal Lacroix et Danielle Marceau

Verger Lacroix

Verger Lamarche

175, Montée du Village, Saint-Joseph-du-Lac • www.vergerlamarche.com

Cidres : Cuvée de la Montée, cidre effervescent
Chantepom Fruit d'Or, cidre de glace
Cuvée de la Montée, cidre tranquille
Chantepom, cidre de glace
Chantepom Le Montagnard, cidre effervescent

Variétés de pommes : inconnues

Famille Lamarche

LAVAL

Château Taillefer Lafon

1500, Montée Champagne, Ste-Dorothée, Laval • www.chateautailleferlafon.ca
Depuis 2003

Cidres : Cidre de glace d'exception, cidre de glace, 11%   Cidre de glace Grand Frisson, cidre de glace, 7%

Variétés de pommes : McIntosh, Cortland, Lobo, Royal Gala, Spartan, Empire

Céline Pinard, Manon Taillefer et Richard Kamal

MONTÉRÉGIE

Abbaye cistercienne

471, rue Principale, Rougemont • www.abbayederougemont.org

Cidres : Rouville Mousseux, cidre léger effervescent (méthode champenoise) (sec), vieilli 5 ans
sur lies en bouteille, 12,5 %

Variétés de pommes : McIntosh, Cortland, Liberty, Golden Russet, Spartan

Moines cisterciens de Rougemont

Au Pavillon de la Pomme

1130, boul. Laurier, Mont-Saint-Hilaire • www.pavillondelapomme.com
Depuis 1993

Cidres : Cheval de Glace, cidre tranquille, 8 %
Cheval de Glace Mousseux, cidre effervescent (méthode champenoise), 9 %
La Rose au Bois, cidre apéritif aromatisé (cassis), 12 %

Variétés de pommes : Une trentaine de variétés

Famille Robert

Cidrerie D. R. Alix

169, rang de la Montagne, Rougemont • www.terroirquebecois.ca/cidrealix

Cidres : La Passion, cidre fort aromatisé (érable), vieilli deux ans, 12 %
Le Patrimoine, cidre léger, vieilli un an, 6,5 %
Guillaume Tell, mistelle de pomme aromatisé (érable), 18 %
Guillaume Tell cassis, mistelle de pomme aromatisé (cassis), 18 %
Le Patrimoine mousseux, cidre effervescent (méthode champenoise),
vieilli deux ans et demi, 7,5 %
Le Baiser d'Amour, cidre fort aromatisé (framboise), vieilli deux ans en fûts, 16 %

Variétés de pommes : Cortland, Empire, Liberty, McIntosh, Spartan, Melba

Cidrerie Cryo

85, rang des Étangs, Mont Saint-Hilaire • www.cidreriecryo.com • Depuis 2007

Cidres : Cryo de glace 2007, cidre de glace, 11 %   Cryo mousseux 2007, cidre effervescent, 9 %
Cryo de glace prestige, cidre de glace, 10 %

Variétés de pommes : Cortland, Empire, McIntosh, Redcort et Spartan

Hugo Poliquin

Cidrerie Du Minot

376, Chemin Covey Hill, Hemmingford • www.duminot.com • Depuis 1988

Cidres : La Bolée du Minot réserve, cidre léger (sec), 6,5 %
La Bolée du Minot Rosé, cidre fort, 11 %
Crémant de Pomme du Minot, cidre effervescent (cuve close), 2,5 %
Crémant de Pomme du Minot Rosé, cidre effervescent (cuve close)
Du Minot Brut, cidre effervescent (méthode traditionnelle) (sec)
Du Minot Doré, cidre apéritif, 16 %
Du Minot des Glaces, cidre de glace
Du Minot des Glaces Mousseux, cidre de glace effervescent (cuve close)
Crémant de glace, cidre de glace effervescent (cuve close)
Crémant de glace « tête de cuvée », cidre de glace effervescent (cuve close), 9 %
Clos du Minot Tradition, cidre effervescent, 0,5 %
Clos du Minot Rosé, cidre effervescent, 0,5 %

Variétés de pommes : McIntosh, Cortland, Lobo, Melba, Empire, Liberty, Trent, Geneva, Golden Russet, Diva et beaucoup de variétés à l'essai

Robert et Joëlle Demoy

Savoir et Passion. Le slogan de l'entreprise en dit déjà beaucoup ! Et pour cause, le savoir, c'est l'expertise de Robert Demoy, œnologue diplômé de l'Université de Bordeaux et cidriculteur de renommée, qui élabore les produits de la cidrerie depuis sa création. La passion, c'est la poursuite d'une tradition familiale ancestrale de production du cidre en Bretagne, et que Robert et Joëlle Demoy ont su perpétuer en sol québécois. Les Demoy, d'origine bretonne, ont fait renaître la tradition cidricole de leurs ancêtres au Québec. Ils ont même « fait venir de Bretagne l'ancien pressoir familial, qui date du 19ᵉ siècle. Les visiteurs de la cidrerie peuvent aujourd'hui admirer ce vestige d'une époque... pas si révolue ! » (Extrait du site www.duminot.com) Selon Alan Demoy, fils de Robert et Joëlle, la cidrerie Du Minot se fait un devoir d'élaborer ses cidres à partir de pommes cueillies à la main, sans ajouter de sucre; l'effervescence de leurs cidres est toujours naturelle, c'est-à-dire qu'il n'y a jamais de gazéification artificielle. Les bulles dans leurs produits sont le résultat exclusif d'une refermentation, qu'elle ait lieu en cuve close ou directement dans la bouteille. Avec une production oscillant entre 150 000 et 175 000 litres de cidre annuellement, la cidrerie Du Minot, située à Hemmingford, est un colosse de l'industrie et l'un des plus anciens établissements actifs dans la production cidricole. Elle emploie 12 personnes à temps plein et ses produits jouissent d'une reconnaissance enviable, en plus d'être distribués partout au Québec. Pour Alan Demoy, le principal défi des cidriculteurs en 2009 est la distribution par l'entremise de la SAQ, où les produits de la section « Terroirs d'ici » étaient jusqu'à très récemment bien mal situés dans les succursales du réseau et où on retrouvait une variété de produits pour le moins hétéroclites. Les choses ont changé et, depuis peu, une section Cidres du Québec met un peu d'ordre sur les tablettes autant que dans l'esprit de la clientèle. Et puisque la cidrerie a comme spécialité les cidres effervescents (particulièrement avec la méthode en cuve close), les Demoy ont comme défi supplémentaire la compétition directe des produits de la bière. Le fameux Crémant de pomme Du Minot, qui célèbre ses 20 ans cette année, a remporté l'argent lors de la dernière édition des Vinalies Internationales de Paris. Du Minot des Glaces, leur cidre de glace, a remporté l'Or à cette même compétition d'envergure. Quel bonheur ce doit être pour Robert Demoy que de voir ses créations l'emporter sur celles de ses cousins français ! La cidrerie Du Minot, depuis plus de deux décennies, contribue de façon remarquable à la réputation locale et internationale des cidres du Québec.

Cidrerie La Pommeraie du Suroît

1385, route 202, Franklin Centre • www.lapommeraiedusuroit.com • Depuis 2007

Cidres :   Le Pommeroy, cidre de glace   Le Fruit Défendu, cidre de glace

Variétés de pommes : Cortland, Golden Russet, McIntosh, Spartan, Empire

Lucie Cousineau et Jean-Pierre Lepage

Cidrerie McKeown

30, chemin de Marieville, Rougemont • www.cidremckeown.com • Depuis 2004

Cidres :   McKeown cidre de la Montagne Rouge, cidre effervescent, 6 %

Variétés de pommes : McIntosh

Robert McKeown et Andrée St-Denis

Cidrerie Michel Jodoin

1130, rang Petite-Caroline, Rougemont • www.cidrerie-michel-jodoin.qc.ca
Depuis 1988

Cidres : Michel Jodoin – Cidre mousseux rosé, cidre effervescent (méthode champenoise), 7 %
Michel Jodoin – Cidre mousseux, cidre effervescent, 7 %
Cœur à tout, cidre effervescent, 6,4 %
Blanc de Pépin, cidre léger, 6,4 %
La Grande Tentation, cidre effervescent, 6,4 %
Cuvée Blanc de Pépin, cidre fort, 12 %
Rosalie, cidre fort rosé, 11 %
Michel Jodoin – Cidre de glace, 9 %
Michel Jodoin – Cidre de glace rosé, 9 %
Calijo, brandy de pomme, 40 %
Pom de vie, eau-de-vie de pomme, 41 %
Fine Caroline, liqueur (eau-de-vie et jus de pomme), 24,5 %

Variétés de pommes : Geneva, McIntosh, Lobo, Cortland, Empire, Smoothee, Golden Russet

Michel Jodoin

Cidrerie Michel Jodoin

Cidrerie Rockburn

2365, route 202, Hinchinbrooke (Rockburn) • www.rockburn.ca
Depuis 2007

Cidres : Harvest Moon, cidre léger, 5 %
Below Zero, cidre de glace, 9 %

Variétés de pommes : Cortland, McIntosh, Empire, Délicieuse rouge, Spartan, Délicieuse jaune,
Lobo, Melba, Russet

Brent Frier et Janick Tétreault-Moïse

Cidrerie Verger Léo Boutin

Cidrerie Verger Léo Boutin

710, rang de la Montagne, Mont-Saint-Grégoire • www.vergerboutin.com
Depuis 1993

Cidres : Cuvée Versant Sud, cidre léger, 7 %
Sieur de Monnoir, cidre fort, vieilli en fûts de chêne, 9,5 %
Tourdillon, cidre fort, 10,5 %
Adagio, cidre fort aromatisé (cassis), 9 %
Rubis d'automne, cidre apéritif, 9 %
Mont Brume, cidre apéritif, 16 %
Châteaulin, cidre effervescent (méthode champenoise), 8 %
Pomelle, cidre apéritif, 16 %
Mont de Glace, cidre de glace, 11 %

Variétés de pommes : McIntosh, Cortland, Spartan, Empire, Paulared, Jersey Mac, Délicieuse, Bancroft et Fameuse

Léo Boutin

Clos St-Denis

1150, chemin des Patriotes, Saint-Denis-sur-Richelieu • www.clos-st-denis.qc.ca

Cidres : Pomme de Glace Original, cidre de glace, 11 %
Fine Pomme de Glace, cidre de glace, vieilli en fûts de chêne, 11 %

Variétés de pommes : McIntosh, Cortland, Spartan, Royal Gala

Maison des Futailles

Coteau St-Paul

1595, rue Principale Est, C.P. 333, Saint-Paul d'Abbotsford • www.coteau-st-paul.com

Cidres : Frisquet, cidre de glace, 12,5 %
Éminence, mistelle de pomme, 18,5 %
Blanc-Bec, cidre tranquille, nouveauté,

Variétés de pommes : Ginger Gold, Mitch Gala, McIntosh, Empire, Cortland

Cidrerie des Vergers Petit et Fils

1020, chemin de la Montagne, Mont-Saint-Hilaire • www.cidrerievergerpetit.com
Depuis 1934, 4ᵉ génération depuis 1994

Cidres : « Petit Frisson » cidre de glace, 10 %
« Petit Pomme Fort» cidre fort, 9 %
« Petit Pomme Léger » cidre léger, 6 %
« Champomme », cidre effervescent (méthode champenoise), 6,5 %
« Champomme rosé », cidre effervescent rosé (méthode champenoise), 4 %

Variétés de pommes : McIntosh, Cortland, Empire, Spartan, Lobo, Golden Russet

Stéphane Petit

Domaine Leduc-Piedimonte

30, chemin de Marieville, Rougemont • www.leduc-piedimonte.com
Depuis 2004

Cidres : Leduc-Piedimonte Cidre de Glace, 10 %
Leduc-Piedimonte Cidre de Glace Réserve Privée, 10 %
Leduc-Piedimonte Cidre Mousseux, cidre effervescent

Variétés de pommes : Cortland, Spartan, Empire, McIntosh, Golden RussetLéo Boutin

Andrée St-Denis et Robert McKeown

La Cidrerie du Village

500 et 509, rue Principale, Rougemont • www.lacidrerieduvillage.qc.ca • Depuis 1993

Cidres : Douce Évasion, cidre léger, 6 %
La Joie d'automne, cidre effervescent (méthode traditionnelle), 8 %
Le Cidre du verger, cidre fort, 10 %
Le Coup de foudre, cidre apéritif (de glace), 18 %
Folie de glace, cidre de glace, 10 %
Le Montérégien, cidre effervescent (méthode champenoise), 10 %
Notre Cidre tranquille, cidre fort, 8 %

Variétés de pommes : 20 variétés dont : Lodi, Bella Vista, Melba, Jersey Mac, Paulared, Lobo, McIntosh, Cortland, Spartan, Empire, Délicieuse, Russet

Bernard Dubé
Francis Dubé, maître de chai

La Face Cachée de la pomme

617, route 202, Hemmingford • www.cidredeglace.com • Depuis 1997

Cidres : Neige, cidre de glace, 12 %
Neige éternelle, cidre de glace « réserve », 11 %
Frimas, cidre de glace « récolte d'hiver », 13 %
Inspiration, cidre de glace, 12 %
Dégel, cidre fort (demi-sec), 12 %
Bulle n° 1 brut, cidre effervescent (méthode traditionnelle) (sec), 7 %

Variétés de pommes : McIntosh, Spartan, Genagold, Cortland, Golden Russet, Gala, Russet, Honey Gold, Northern Spy, Pommes anciennes et La Face Cachée

François Pouliot et Stéphanie Beaudoin

La Face Cachée de la pomme

La Face Cachée de la Pomme s'est imposée, en une décennie, comme l'une des plus dynamiques et prolifiques cidreries du Québec. François Pouliot et Stéphanie Beaudoin ont réussi à propulser leur entreprise grâce à une production de grande qualité et à un sens aigu de l'image, qui n'est pas étranger aux vocations précédentes des copropriétaires (cinéma et arts visuels). François Pouliot participait déjà, en 1994, à l'élaboration des premières cuvées du cidre de glace tel qu'on le connaît aujourd'hui. Deux procédés naturels allaient être mis au point pour créer le nectar prometteur : la cryoconcentration et la cryoextraction. Ne demandez pas à François Pouliot si le marché québécois arrive lentement à un point de saturation de l'offre en cidres de tous genres. Il vous répondra que tout est fonction des habitudes des consommateurs (la demande) : « Il se produit annuellement à peu près 35 millions de litres de cidre en Espagne, comparativement à environ 1 million de litres au Québec. » Le cidre en général, et plus particulièrement le cidre de glace, le plus bel ambassadeur des cidres québécois, doit encore se faire connaître, ici comme ailleurs, selon François Pouliot. Il s'agit donc de faire entrer ce produit bien de chez nous dans les habitudes de consommation, et la Face Cachée de la Pomme réussit ce tour de force admirablement bien. En maintenant une image de marque impeccable par l'entremise d'une stratégie marketing bien dosée et en misant sur une production de qualité, l'entreprise est aujourd'hui bien en vue partout au Québec et fait rayonner le cidre de glace dans plusieurs pays du monde. La cidrerie réalise approximativement 65 % de ses ventes dans les succursales de la SAQ et 10 % à l'étranger; la tranche de 25 % restante est attribuable aux ventes directes de l'entreprise (boutique, restauration, hôtellerie, commandes privées, etc.). Elle produit environ 200 000 bouteilles annuellement, principalement des cidres de glace. Neige, le produit-vedette de la cidrerie, a été 17 fois médaillé depuis 2002, dont une médaille d'or aux Vinalies Internationales de Paris, en 2009. Les produits de la Face Cachée ont reçu 54 reconnaissances depuis 2002, et « La Fondation du Cidre des Asturies en Espagne a d'ailleurs octroyé un prestigieux prix en 2007 à La Face Cachée de la Pomme pour avoir contribué au développement de la production du cidre de glace et pour avoir initié sa commercialisation au Québec et dans le monde ». (Extrait du site www.cidredeglace.com.)

Les Artisans du Terroir

1150, rang de la Montagne, Saint-Paul d'Abbotsford • www.artisansduterroir.ca
Depuis 2000

Cidres : 36 Frissons de pomme, cidre de glace

Variétés de pommes : Empire, Spartan, McIntosh, Racette et Délicieuse rouge

Réjean, Céline, David et Annie Guertin

Verger de la Cidrerie Larivière

777, route 139, Saint-Théodore d'Acton • www.clementlariviere.com
Depuis 1999

Cidres : Bonhomme Hiver, cidre de glace, 12,5 %
La Cidraise, cidre apéritif aromatisé (fraise), 16 %
L'Éden, mistelle de pomme, 20 %
La Ruée vers l'Or, cidre fort, 11,5 %

Variétés de pommes : Lobo, McIntosh, Cortland, Spartan et Empire

Clément et Monique Larivière

Vergers Écologiques Philion

389, route 202, Hemmingford • www.vergersphilion.com
Depuis 2004

Cidres :   Friga, cidre de glace, 11 %   Gaïa, poiré de glace, 11%

Variétés de pommes : Plus de 15 variétés de pommes dont Cortland, Délicieuse jaune, Délicieuse rouge, Empire, Honey Crisp, Jersey Mac, Lobo, McIntosh, Northern Spy, Red Cort, Russet, Spartan, Vista Bella, Wealthy

Hubert Philion

Vignoble De Lavoie

100, rang de la Montagne, Rougemont • www.de-lavoie.com
Depuis 2000

Cidres :   Halbi, cidre fort, 10,5 %
Ace, cidre de glace, 10 %

Variétés de pommes : Cortland, Spartan, Mcintosh, Lobo, Empire

Francis Lavoie

QUÉBEC

Cidrerie du bout de l'Île

20, Chemin du bout de l'Île, Sainte-Pétronille, Île d'Orléans • www.polycultureplante.com
Depuis 1999

Cidres :   L'Ensorcelé, cidre léger effervescent (doux), 6 %
L'Insulaire, cidre léger (sec), 6 %

Variétés de pommes : inconnues

Cidrerie Verger Bilodeau

2200, Chemin royal, Saint-Pierre de l'Île d'Orléans • www.cidreriebilodeau.qc.ca
Depuis 1994

Cidres :   Le Petit Pommier, cidre léger, 6,5 %
La Tentation, cidre fort aromatisé (fraise), 10 %
Le Petit Bonheur, cidre apéritif aromatisé (érable), 15 %
Reflet de Cassis, mistelle de pomme au cassis, 10 %
Nectar de Glace, cidre de glace, 9 %;
La Symphonie, cidre fort effervescent (méthode champenoise), 9 %
Le Framboisier, mistelle de pomme aux framboises, 18 %
Fascination, mistelle de pomme à l'érable, 18 %
Le Breuvage des Dieux

Variétés de pommes : Cortland, Spartan, McIntoch, Honey Crisp

Claude Bilodeau, Micheline L'Heureux et Benoît Bilodeau

Domaine de la source à Marguerite

3788, Chemin Royal, Sainte-Famille • www.domainemarguerite.com
Depuis 2003

Cidres :   Sur les coteaux du Mitan, cidre fort, 11 %
Bouquet d'automne, cidre fort aromatisé (cassis et sirop d'érable), 10,5 %
Parfums de l'Île, cidre apéritif aromatisé (poire), 17 %
La cuvée des Ti-Coq, cidre de glace, 11 %
Les Belles de l'Île, mistelle de pomme, poire et prune, 18 %
Les brises du fleuve, mistelle de pomme, vieilli en fûts de chêne, style pommeau, 19 %

Variétés de pommes : 34 variétés

Domaine Orléans

285, Chemin royal, Saint-Pierre, Île d'Orléans • www.domaineorleans.com
Depuis 2000

Cidres : L'Igloo, cidre de glace, 9 %
Sève d'automne, cidre apéritif à la mandarine, 18,5 %
Fleur de Baccus, liqueur de pomme et framboise, 23 %
Oie des berges, cidre apéritif aromatisé (canneberge), 12 %
Feu follet, cidre apéritif aromatisé (cassis), 15,5 %
Plaisirs ensorcelés, cidre léger effervescent, 7 %
Entre deux rives, cidre fort, 11 %
Cuvée du Seigneur Jean Mauvide, cidre léger, 6 %

Variétés de pommes : McIntosh, Lobo, Cortland, Polared, Honey Crisp et Spartan

Jacques Paradis

Situé sur la magnifique île d'Orléans, au milieu du fleuve Saint-Laurent et en face de la ville de Québec, le Domaine Orléans est un site agricole et de loisirs s'étendant sur 75 acres, propriété de la famille Paradis depuis plus de 20 ans. Dirigé par Jacques Paradis, qui y produit du cidre depuis l'an 2000, le Domaine Orléans produit 8 cidres délectables et reflétant bien le savoir-faire des cidriculteurs de cette charmante région. À 60 secondes du pont de l'île et à 10 minutes du centre-ville de Québec, le Domaine Orléans offre 30 km d'un horizon superbe, incluant les Chutes Montmorency. Une foule d'activités sont offertes sur le site, et ce, en toutes saisons.

M. Paradis est le plus impliqué des cidriculteurs de la région de Québec et à l'échelle provinciale. Son principal défi, à titre de producteur, est la mise en marché des produits. Comme bien d'autres cidriculteurs québécois, il souhaiterait que la réglementation provinciale lui permette de distribuer ses cidres à une plus grande échelle et qu'il y ait davantage de points de vente. Il souhaite également que les Québécois développent encore plus leur goût pour le cidre, et c'est ce qu'il a à l'esprit lorsqu'il élabore ses excellents produits.

Domaine Steinbach

2205, Chemin royal, Saint-Pierre de l'île d'Orléans • www.domainesteinbach.com
Depuis 1999

Cidres : Dionysos, cidre fort, 11 %
Le Diablotin, cidre apéritif aromatisé (framboise), 13,5 %
Fantaisy, cidre apéritif aromatisé (cassis), 11,5 %
Tourlou, cidre apéritif aromatisé (érable), 18 %
Cristal de glace, cidre de glace, 9,5 %

Variétés de pommes : Empire, Spartan, McIntosh, Lobo, Cortland

Claire et Philippe Steinbach

Les cidriculteurs artisans du Québec

Les cidriculteurs artisans du Québec (CAQ) est une Association regroupant 46 cidreries artisanales, ce qui représente une large part (76 %) des établissements du genre sur le territoire québécois. L'Association a pour objectif de promouvoir les cidres de ses membres, de favoriser leur commercialisation et de défendre leurs intérêts communs. Elle est active autant au niveau de la production que de la mise en marché et de la promotion des cidres d'ici. Créé en 1992, le regroupement est aujourd'hui très dynamique; il est à l'origine des dernières campagnes promotionnelles visant à donner aux cidres du Québec une visibilité accrue et une image de raffinement. Les CAQ comptent parmi leurs membres des entreprises pionnières de l'industrie autant que les plus récentes. De plus, les CAQ collaborent avec les différents partenaires du secteur tels que la Société des alcools du Québec (SAQ), l'Union des producteurs agricoles (UPA) et la Fédération des producteurs de pommes du Québec (FPPQ).

www.cidreduquebec.com

Le site Internet des CAQ renferme une foule d'informations utiles sur les cidres du Québec ainsi que la liste des établissements membres et leurs divers produits.

Qu'est-ce qu'un artisan cidriculteur ?

Pour se qualifier comme artisan cidriculteur, il faut d'abord être producteur agricole. De plus, il faut produire du cidre à partir de pommes provenant de ses propres terres (minimum de un hectare de pommiers en production) et élaborer et embouteiller le cidre sur place. Les conditions d'obtention d'un permis de production artisanale de cidre sont très rigoureuses. C'est la Régie des alcools, des courses et des jeux du Québec (RACJQ) qui octroie ces permis.

Règlement sur le cidre

En regard avec les nouvelles réalités du marché du cidre au Québec et dans le monde, et à la suite des pressions des cidriculteurs québécois pour protéger la qualité et l'image de leurs divers produits, les intervenants gouvernementaux ont révisé en 2008 la réglementation sur le cidre et les autres produits alcooliques à base de pommes. Le nouveau règlement est destiné à mieux encadrer l'industrie en définissant légalement les caractéristiques de chaque catégorie de cidre. De nouveaux produits voient ainsi le jour, et le fameux cidre de glace se trouve protégé dans sa définition et dans ses modes d'élaboration. Cette nouvelle réglementation devrait en outre permettre aux consommateurs de s'y retrouver plus aisément au niveau des types de cidres disponibles et aider à garantir la qualité des produits qui leur sont offerts.

www.canlii.org/fr/qc/legis/regl/rq-c-s-13-r1.1/derniere/rq-c-s-13-r1.1.html

Comment et où se procurer
les cidres du Québec ?

Les cidres du Québec sont facilement disponibles et accessibles. De nos jours, presque toutes les succursales de la SAQ en proposent, et une nouvelle section avec la mention « Cidre du Québec » a fait son apparition dans les succursales en juin 2009. Cela permettra aux consommateurs de mieux repérer ces produits tout en bénéficiant d'une plus grande diversité.

En dehors des SAQ, on retrouve de plus en plus les cidres du Québec sur les cartes des vins des restaurants, pubs et bars à vins dans la province. On le retrouve également en vente dans certaines épiceries fines et certains marchés d'alimentation.

Un emplacement incontournable pour les amateurs de boissons alcoolisées artisanales du Québec est la Maison des vins et boissons artisanales du Québec, située à la boutique Marché des Saveurs du Marché Jean-Talon, à Montréal. C'est plus de 24 producteurs de cidre qui y distribuent leurs produits, et on y retrouve de nombreux cidres de tous les styles. Il s'agit de la plus belle vitrine des cidres du Québec au cœur de la métropole. (www.lemarchedessaveurs.com)

On retrouve le même type de boutique de boissons alcoolisées artisanales du Québec au marché public du Vieux-Québec; d'ailleurs, plusieurs producteurs de cidre sont présents durant la belle saison pour faire découvrir leurs produits dans une multitude de marchés publics un peu partout au Québec.

Aussi, certaines initiatives chapeautées par l'Union des producteurs agricoles (UPA) ont également vu le jour ces dernières années pour promouvoir les boissons alcoolisées artisanales, dont les cidres du Québec. C'est le cas notamment du Marché de Noël de l'UPA, à Longueuil, qui opère une boutique dans ses locaux pendant le mois de décembre et permet ainsi la visibilité et l'accessibilité des cidres du Québec à un moment fort de l'année. (www.marchedecheznous.com)

Qui plus est, la plupart des cidreries disposent d'une boutique de dégustation à même la cidrerie. Une visite est une bonne façon de connaître la gamme de produits complète de l'entreprise et, bien sûr, d'obtenir des renseignements sur l'élaboration et les particularités des cidres offerts. Les producteurs vous accueillent avec chaleur pour partager leur savoir-faire et vous transmettre leur passion et leur enthousiasme.

D'ailleurs, la Route des Cidres de la Montérégie, ayant pour point de départ Hemmingford et se dirigeant vers Saint-Denis-sur-Richelieu, en passant par Rougemont et Mont-Saint-Hilaire, propose 11 étapes qui mènent chez des producteurs de cidre dynamiques et accueillants. Plusieurs événements thématiques sont offerts aux visiteurs tout au long de l'année, notamment les journées Crêpes et cidres, en mai. (www.tourisme-monteregie.qc.ca)

La Montérégie

La route des cidres

http://tm-routedescidres.qc.ca

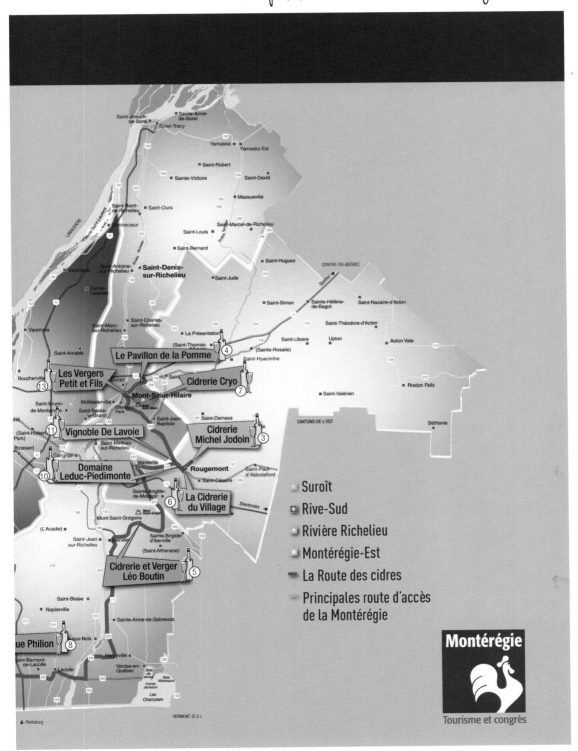

Suroît
Rive-Sud
Rivière Richelieu
Montérégie-Est
La Route des cidres
Principales route d'accès
de la Montérégie

Produits alimentaires du Québec

En juin 2008, le ministère de l'Agriculture, des Pêcheries et de l'Alimentation du Québec (MAPAQ) a lancé la campagne de promotion « Mettez le Québec dans votre Assiette », ayant pour but de faire découvrir les produits alimentaires québécois aux consommateurs, de même que de les sensibiliser à les privilégier. (Voir www.assiette.qc.ca.) Que ce soit par l'entremise de messages publicitaires télévisés ou radiodiffusés, dans les magazines, journaux, sites Internet, expositions agricoles, festivals, foires agroalimentaires et bancs d'essais culinaires, le MAPAQ ne manque pas de créativité et d'enthousiasme dans la promotion des produits alimentaires du Québec.

Selon le ministre de l'Agriculture, des Pêcheries et de l'Alimentation, M. Claude Béchard, si chaque citoyen achetait 30 $ d'aliments québécois de plus par année, il en résulterait, après 5 ans, une augmentation de plus de 1 milliard de dollars en achats de produits alimentaires du Québec, une contribution tangible à l'économie québécoise.

D'ailleurs, la certification « Aliments du Québec » a été créée en 1996 en vue de faire connaître les produits québécois. Elle est gérée aujourd'hui par le Conseil de Promotion de l'Agroalimentaire Québécois (CPAQ). Cet organisme a le mandat de contribuer, par ses actions de promotion et de sensibilisation, à l'aug-mentation des ventes des produits alimentaires québécois au Québec.

Bénéficiant des avantages, de la visibilité et de la notoriété de la marque Aliments du Québec auprès des consommateurs, plusieurs cidreries y ont adhéré. Pour obtenir cette certification, les produits doivent être entièrement québécois ou du moins leurs principaux ingrédients; de plus, toutes les activités de transformation et d'emballage doivent être réalisées au Québec. (Voir www.alimentsduquebec.com.)

Ces initiatives font en sorte que les gens recherchent et demandent des produits alimentaires québécois. Il s'agit donc d'une invitation à découvrir les richesses agroalimentaires du Québec, invitation des plus favorables au développement des cidreries.

Le mot
de la fin...

De nos entrevues et contacts divers avec des producteurs de cidre jeunes et moins jeunes de toutes les régions du Québec, il ressort la dose immense de persévérance et de passion nécessaire à la mise sur pied et à l'exploitation d'une cidrerie. Le cidre québécois, qui a une histoire tumultueuse, comme nous l'avons vu précédemment, doit faire mentir les préjugés, se réinventer sans cesse et maintenir une qualité irréprochable, à une époque (la mondialisation) et dans un marché (monopole d'État) où il devient parfois extrêmement difficile de développer une stratégie commerciale qui puisse rivaliser avec les grandes entreprises distribuant leurs alcools à travers la planète et, évidemment, au Québec. Là est le principal défi des cidriculteurs québécois pour les années à venir : se tailler une place tant sur le plan national qu'international.

Pour accroître sa crédibilité et sa notoriété sur le plan international, le cidre québécois devra nécessairement se doter d'appellations contrôlées. Des cahiers de charge ainsi que les organismes réglementaires pertinents devront voir le jour et permettre une uniformisation de la qualité et des méthodes d'élaboration. C'est particulièrement le cas en ce qui concerne le cidre de glace, auquel il ne manque à peu près que cela pour connaître un essor fulgurant sur la scène internationale, tant son originalité et sa grande qualité jouissent désormais d'une importante reconnaissance sur tous les continents.

À l'échelle provinciale, les artisans cidriculteurs ont des revendications nombreuses auprès des instances gouvernementales afin que le marché des alcools leur soit plus facilement accessible. En effet, il leur est souvent difficile de saisir pourquoi est interdite la vente de leurs produits (pourtant très contrôlés au niveau des quantités et de la qualité) dans la plupart des marchés publics, épiceries et marchés d'alimentation, boutiques spécialisées, dépanneurs et autres points de distribution qui représentent un segment gigantesque du marché de la vente de boissons alcoolisées sur le territoire québécois. Une majorité de propriétaires de cidrerie souhaiteraient en outre que la Société des alcools du Québec accentue la visibilité et la promotion des cidres québécois au sein de son imposant réseau de succursales, et qu'il leur soit plus facile d'y avoir accès.

Si les changements climatiques posent actuellement de sérieux défis aux producteurs de cidre et de vin partout dans le monde, il y a fort à parier que les cidriculteurs québécois jouiront encore longtemps de conditions météorologiques si particulières et uniques au Québec, permettant l'élaboration du produit phare de leur industrie : le cidre de glace.

Chaque bouteille de cidre a son histoire propre. Il faut prendre le temps de lire les étiquettes, de consulter les sites Internet des cidreries, de visiter directement les producteurs, de s'informer et surtout de déguster. Chacun est interpellé pour participer et écrire l'histoire de cette jeune industrie.

La renaissance et les succès récents de l'industrie du cidre au Québec nous portent à poser un regard enthousiaste sur l'avenir des cidres d'ici. Mais n'oublions pas les pionniers cidriculteurs qui ont forgé le caractère unique et si créatif de la cidriculture québécoise.

Toutes les raisons sont bonnes pour que le cidre du Québec se retrouve de plus en plus fréquemment sur nos tables, à toutes les occasions festives et conviviales. Le cidre pourrait-il devenir la boisson nationale du Québec ? Pourquoi pas ! En tout cas, il n'en existe aucune plongeant ses racines aussi profondément à la fois dans la tradition québécoise et dans la singularité des terroirs et du climat d'ici.

Remerciements

Cet ouvrage n'aurait pu être ce qu'il est sans la participation et l'implication de tous nos collaborateurs.

Merci aux cidriculteurs québécois pour leur appui ainsi que pour avoir partagé leur savoir-faire, tout particulièrement Alan et Robert Demoy, François Pouliot et Stéphanie Beaudoin, Christian Barthomeuf et Louise Dupuis, Marc-Antoine Lasnier, ainsi que père Gilbert Garant.

Nous remercions les œnologues d'Œnoquébec (www.oenoquebec.com) pour leurs conseils judicieux.

Merci à notre collaboratrice Stéphanie Hudon, diététiste et nutritionniste, qui, grâce à son expertise et à son professionnalisme, nous a permis d'explorer un angle différent du cidre.

Une mention particulière à l'attention de Catherine St-Georges de l'Association des cidriculteurs artisans du Québec pour sa générosité et sa confiance.

Une pensée également pour l'équipe du vignoble et cidrerie Val Caudalies à Dunham (www.valcaudalies.com), et particulièrement à Julien Vaillancourt qui a dû redoubler d'ardeur pendant nos absences.

Remerciements les plus sincères à nos collaborateurs sommeliers Guy Bourbonnière et Cory Ciona pour leur participation à cet ouvrage et leur enthousiasme envers les produits du terroir québécois.

Merci aussi à la boutique l'Âme du Vin de Saint-Lambert pour nous avoir gracieusement fourni tous les verres photographiés dans ce livre.

Nous soulignons l'excellent travail du photographe André Noël et des designers graphiques Émilie et Catherine Houle.

Finalement, nous tenons à exprimer toute notre gratitude à Marc Alain et Isabelle Jodoin des éditions Modus Vivendi pour leur confiance et pour l'occasion offerte de partager notre passion de cidriculteur et de donner une si belle visibilité à l'industrie québécoise du cidre.

Merci à tous !

Bibliographie

ANGOT, (abbé A.), *Le cidre, son introduction dans le pays de Laval*, Mamers, G. Fleury et A. Dangin, imprimeurs éditeurs,1889, 15 p.

DEMERS, Jean-François, *Le Devoir*, 18 mai 2007.

ÉcoRessources Consultants, *Plan stratégique de développement de la cidriculture artisanale québécoise 2009-2014 : Portrait du secteur*, les Cidriculteurs artisans du Québec, mai 2009, 82 p.

FERRET, Léon. *Histoire du pommier et du cidre,-* Caen, Imp. Delos, cour de la monnaie, 1855, 15 p., in-8.- (Extrait du journal l'Ordre et la Liberté).

HEBERT, Michel - Philippe COLIGNEAUX, *La belle histoire du Cidre et du Calvados*, Corlet Éditions, 2002, 136 p.

LANDRY-DAY, Angèle. *Le cidre à boire et à manger*, Québec, Éditions du Pélican, 1972, 112 p.

Le temps du pressoir, Musée valaisan de la Vigne et du Vin, sous la direction de Anne-Dominique

MONTICONE, C., *À la gloire du cidre*, Paris, Association Nationale pour la propagande du bon cidre, [s.d.].- np.

PROULX, Annie et LEW, Nichols. *Sweet & Hard Cider*, Vermont, Garden Way Publishing, 1980, 188 p.

RIO, Bernard, *Le Cidre*, Coop Breizh, septembre 2003, 144 p.

SAQ, *Tendances. Rapport annuel*, 2008.

Zufferey, Sierre, Éditions du MVVV, 2002.

Sources Internet
www.lesvergersdelabriere.com/pages/histoire.htm

http://ecoles.ac-rouen.fr/butot_venesville/cidre.htm

www.cidreduquebec.com/Cidre/Un_peu_d_histoire.html?CIDREID=4

http://gastronome.free.fr/histoire/lecidre.htm

www.cidre-des-cloitres.com/cidre/histoire-cidre/histoire-cidre.html

www.cidreriesolar.com/fr/index.php?option=com_content&task=view&id=&Itemid=1

www.cidre.fr/l.htm

www.drinkfocus.com/articles/apple-cider/history-of-cider.php

www.intellectbooks.com/on_line/heritage/cider/makers/history.htm

www.howtomakecider.com/history_cider.php

www.2020site.org/drinks/cider.html

www.bestof-romandie.ch/vins/article_vins_00000109.php

www.saq.com/wcsstore/saqcom/images_produits/pdf/pdf_fr/Tendances.pdf

Sources des photos

© **Claude Dagenais, twohumans, photographies des recettes suivantes :**
Rognons de veau de grain revisités à la moutarde de Dijon et au cidre tranquille
Mijoté de veau de grain au cidre tranquille
Roulade de veau de grain au fromage et aux pleurotes, sauce au cidre tranquille
Flanc de veau de grain au cidre de glace
Étagé d'escalopes de Veau de grain du Québec au fromage, sauce au romarin et au cidre de glace

© **Tango Photographie, photographies des recettes suivantes :**
Escalopes de dindon, sauce à la vanille et au cidre de glace
Dindon en pâte phyllo, sauce parfumée au gingembre, anis étoilé et cidre de glace

© **Alexis Perron et Guillaume Leroux, photographies figurant aux pages suivantes :**
19-21-27-31-35-36-40-43-201-205

© **Stephen Vickers, dreamstime.com :** Fond abstrait, couverture avant et arrière

© **Skoric, dreamstime.com :** pages 4, 5 et 145

© **Vardas, dreamstime.com :** pages 8 et 176

© **Pakhnyushchyy, dreamstime.com :** page 10

© **Alex Balako, dreamstime.com :** pages 22, 23 et 231

© **Ulrich Mueller, dreamstime.com :** page 32

© **Dmitriy Shironosov, dreamstime.com :** page 45

© **Robert Brown, dreamstime.com :** pages 47, 48 et 252, 253, 254 et 255

© **Stratum, dreamstime.com :** page 50

© **Maigi, dreamstime.com :** page 39 et 138

© **Gjs, dreamstime.com :** page 167

© **Erwin Purnomo Sidi, dreamstime.com :** page 178

© **Valpal, dreamstime.com :** page 200

© **Kati Molin, dreamstime.com :** pages 209 et 234

© **Ahara, dreamstime.com :** page 244

© **Radiouran, dreamstime.com :** page 246

© **Monkey Business Images, dreamstime.com :** page 248 et 251

© **Doublecat, dreamstime.com :** page 256

© **Clair obscur, Sylvain Fortier, Cidriculteurs artisans du Québec :** page 25

© **Catherine St-Georges et Francis Thérien :** pages 227 et 229

© **Cidrerie Michel Jodoin :** pages 29, 41 et 98

Index des cidres

36 Frissons de pomme 93, 233
Ace 87, 234
Adagio 140 230
Airelle 221
Baiser Volé 151, 222
Below Zero 229
Blanc de Pépin 149, 229
Blanc de Pomme 215
Blanc-Bec 230
Bonhomme Hiver 60, 234
Bonté divine 220
Bouquet d'automne 235
Bouquet de Fruits 224
Bouquet sur Glace 224
Bourgeon Doré 102, 224
Brise 162, 225
Bulle n° 1 110, 232
Calijo, brandy de pomme 99, 229
Céleste 117, 222
Cerisier Rose et Pommier Blanc 220
Champomme 231
Champomme rosé 231
Chantepom 226
Chantepom Fruit d'Or 226
Chantepom Le Montagnard 226
Charme Printanier 152, 218
Châteaulin 103, 230
Cheval de Glace 226
Cheval de Glace Mousseux 226
Cidre apéritif 5, 28, 165, 168, 169, 170, 171, 172, 173, 175, 179, 215, 220, 221, 222, 224, 225, 226, 227, 230, 232, 234, 235, 236
Cidre aromatisé 5, 28, 129, 130, 131, 132, 133, 134, 135, 136, 137, 139, 140, 141, 224
Cidre de glace 5, 16, 17, 18, 21, 27, 28, 30, 35, 37, 46, 53, 54, 55, 56, 57, 58, 59, 60, 61, 62, 63, 65, 66, 67, 68, 69, 70, 71, 72, 73, 74, 75, 77, 78, 79, 80, 81, 82, 83, 84, 85, 86, 87, 88, 89, 90, 91, 92, 93, 94, 95, 122, 123, 124, 125, 126, 127, 166, 179, 182, 186, 188, 190, 192, 194, 196, 202, 208, 209, 215, 216, 217, 218, 219, 220, 221, 222, 223, 224, 225, 226, 227, 228, 229, 230, 231, 232, 233, 234, 235, 236, 237, 245, 251
Cidre de glace effervescent 5, 123, 217, 220, 227
Cidre de glace rosé 94, 229
Cidre de l'Abbaye 108, 214
Cidre effervescent 5, 29, 34, 101, 179, 182, 214, 215, 218, 220, 221, 222, 224, 225, 226, 227, 228, 229, 230, 231, 232
Cidre hivernal 2007 224
Cidre St-Benoît 214
Cidre tranquille 5, 33, 34, 47, 143, 153, 155, 156, 159, 184, 186, 188, 190, 192, 194, 197, 198, 226, 230, 232, 251
Cidrérable 134, 224
Clair de Lune 130, 221
Clé des Champs 132, 215
Clos du Minot Tradition 227
Clos Saragnat 2005 61, 215
Cœur à tout 229
Cool 221
Côte Saint-Antoine 221
Coup de Foudre 171, 232
Crémant de Glace 125, 190, 227
Crémant de Pomme du Minot 105, 227, 228
Crémant Le Royal 104, 221
Crémant St-Nicolas 120, 222
Crème de Pommes au cidre de glace 217
Cristal de glace 81, 236
Cryo 57
Cryomalus 67, 223
Cuvée Blanc de Pépin 2007 149, 229
Cuvée de la Montée 226
Cuvée de la Pommeraye 215
Cuvée de Noël 133, 215
Cuvée du Seigneur Jean Mauvide 236
Cuvée Lafrance 224
Cuvée Précieuse 2007 83, 218
Cuvée Versant Sud 230
Dame Prune 220

De l'Isle aux Bleuets 220
Dégel 159, 232
Délice du verger 221
Dionysos 236
Domaine Lafrance 58, 79, 102, 106, 134, 153, 172, 224, 225
Domaine Lafrance 2008 106
Domaine Lafrance Cuvée Spéciale 79, 224
Domaine Pinnacle 72, 126, 155, 166, 216, 217
Douce Évasion 232
Douceur d'autrefois 221
Du Minot Brut 227
Du Minot des Glaces 89, 91, 124, 225, 228
Du Minot des Glaces 2006 91, 227
Du Minot des Glaces 2007 89, 227
Du Minot des Glaces Mousseux 124, 227
Du Minot Doré 227
Écume de Mer 220
Éminence 230
Entre deux rives 236
Fantaisy 236
Fascination 235
Feu follet 236
Feu Sacré 175, 225
Fine Caroline 229
Fine Pomme de glace 90, 230
Fleur de Baccus 236
Folie de glace 86, 232
Friga 56, 234
Frimas 63, 232
Frisquet 230
Fruit Défendu 3, 85, 217, 228
Gabélianne 118, 225
Gaïa 76, 234
Givré 80, 217, 222
Givre de St-Joseph 55, 225
Glace des Épouffètes 223
Glace du Verger 78, 222
Grand Frisson 2007 68, 226
Grande Tentation 121, 229
Guillaume Tell 226
Guillaume Tell cassis 226
Halbi 146, 234
Halbi 2008 146
Harvest Moon 229

Humeur d'Éole 144, 219
Inspiration 232
Jardin d'Éden 224
Joie d'automne 107, 232
Kir Abbatial 214
L'Amer 215
L'Ancestral 218
L'Apéro 105, 111, 132, 133, 162, 168, 169, 170, 179, 205, 215
L'art du givre 54, 65, 225
L'Art du Givre 2007 54, 65
L'Éden 234
L'Ensorcelé 234
L'Ensorceleuse 218
L'Envolée 168, 220
L'Esprit 161, 222, 228, 236
L'Exotique 77, 218
L'igloo 82, 236
L'Insulaire 234
L'Ombre du Coteau 220
L'Or de l'Isle-aux-Coudres 220
L'original Clos Saragnat 2005 65, 215
La Bolée du Minot réserve 227
La Bolée du Minot Rosé 227
La Bolée Réserve 154
La Cidraise 234
La Clé des Champs 132
La cuvée des Ti-Coq 235
La Passion 51, 224, 226, 227
La Petite Poire 220
La pomme chantée 221
La Réserve 215
La Rose au Bois 226
La Ruée Vers L'Or 163, 234
La Symphonie 235
La Tentation 235
La Vire Crêpe 157
Le Baiser d'Amour 226
Le Blanchon 220
Le Breuvage des Dieux 235
Le Cidre du verger 232
Le Diablotin 135, 236
Le Framboisier 235
Le Frileux beauceron 221
Le Glacé 59, 216
Le Glacier 220

Le Jaseur 170, 222
Le Kir Massawippi 218
Le Léger 109, 112, 222
Le Léger d'Éole 109, 219
Le Montérégien 232
Le Patrimoine 226
Le Patrimoine mousseux 226
Le Petit Bonheur 235
Le Petit Pommier 235
Le Petit Villageois 224
Le Pierre-Étienne 220
Le Pignon vert 221
Le Plaisir de la Pomme 150, 221
Le Pommeroy 228
Le Saint-Jean 221
Le Seigneur de Tilly 221
Le St-Laurent 158, 222
Le Tonnelet 172, 224
Le Vieux Verger 220
Le Vire Crêpe 221
Leduc-Piedimonte 113, 231
Légende d'automne 153, 224
Léger d'Éole 109, 219
Les Belles de l'Île 235
Les brises du fleuve 235
Macle 75, 224
Magie de Glace 66, 223
Marie-Stella 221
Matins d'Automne 220
Mckeown 113, 228, 231
Michel Jodoin 88, 94, 99, 111, 121, 148, 149, 229
Michel Jodoin – Cidre mousseux 229
Michel Jodoin – Cidre mousseux rosé 229
Michel Jodoin 2006 88, 229
Michel Jodoin Rosé 111, 229
Miellée 221
Mont de Glace 74, 230
Mousseux de glace 127, 221
Nectar de glace 84, 235
Neige 62, 92, 110, 221, 232, 233
Neige éternelle 92, 232
Oie des berges 236
Parfum d'Automne 221
Parfums de l'Île 235
Passion 139, 217

Péché 217
Perce-Neige 221
Perle 218
Petit Frisson 71, 231
Petit Pomme Fort 156, 231
Petit Pomme Léger 231
Pinnacle, Réserve 1859 166, 217
Plaisirs ensorcelés 236
Pleine Lune 221
Pom de vie 229
Pom' Or Tradition 114, 222
Pomelle 174, 230
Pomme cerise 221
Pomme de Glace Original 69, 230
Pomme royal 222
Pommeau D'Or 173, 215
Pommes Gelées 36, 220
Pommes Sauvages 30, 61, 65, 215, 222
Pressoir du Faubourg 224
Promesse d'Automne 160, 218
Réserve d'Éole 73, 196, 219
Rêve de mon Père 220
Rosalie 148, 229
Rose 147, 218
Rosé 136, 217
Rosé des Appalaches 131, 222
Rosé des Bois 224
Rosélianne 116, 225
Rouge 137, 217
Rouville Mousseux 226
Rubis d'automne 141, 230
Saveurs d'Automne 119, 222
Sève d'Automne 169, 236
Sieur de Monnoir 230
Soir d'Hiver 221
St-Nicolas Brut 222
St-Nicolas Rosé 115, 222
Sur les coteaux du Mitan 235
Tempête 70, 223
Tourdillon 230
Tourlou 236
Vaillant 222
Verger de glace 95, 222

Fiche de dégustation du cidre du Québec

Date de dégustation : _____

Nom du cidre : _____

Type de cidre : _____

Producteur, région : _____

Variétés de pommes : _____

Année de récolte : _____

% alcool/volume : _____

Prix d'achat : _____

Format de bouteille : _____

1 – Aspects visuels (couleur et intensité, limpidité, consistance, effervescence) _____

_____

_____

2 – Au nez (parfum, intensité) _____

_____

_____

3 – En bouche (saveur, arôme, texture, caractère, persistance) _____

_____

_____

4 – Complexité (simple à complexe) _____

_____

_____

5 – Appréciation générale _____

_____

_____

6 – Accompagnement / accord (description) _____

_____

_____

Appréciation de l'accord (excellent, très bon, bon, ordinaire, mauvais) _____

Commentaires : _____

_____

Place à vos coups de cœur
Fiches de dégustation

Fiche de dégustation du cidre du Québec

Date de dégustation : _____

Nom du cidre : _____

Type de cidre : _____

Producteur, région : _____

Variétés de pommes : _____

Année de récolte : _____

% alcool/volume : _____

Prix d'achat : _____

Format de bouteille : _____

1 – Aspects visuels (couleur et intensité, limpidité, consistance, effervescence) _____
_____
_____

2 – Au nez (parfum, intensité) _____
_____
_____

3 – En bouche (saveur, arôme, texture, caractère, persistance) _____
_____
_____

4 – Complexité (simple à complexe) _____
_____
_____

5 – Appréciation générale _____
_____
_____

6 – Accompagnement / accord (description) _____
_____
_____

Appréciation de l'accord (excellent, très bon, bon, ordinaire, mauvais) _____

Commentaires : _____
_____

Fiche de dégustation du cidre du Québec

Date de dégustation : _____

Nom du cidre : _____

Type de cidre : _____

Producteur, région : _____

Variétés de pommes : _____

Année de récolte : _____

% alcool/volume : _____

Prix d'achat : _____

Format de bouteille : _____

1 – Aspects visuels (couleur et intensité, limpidité, consistance, effervescence) _____

_____

_____

2 – Au nez (parfum, intensité) _____

_____

_____

3 – En bouche (saveur, arôme, texture, caractère, persistance) _____

_____

_____

4 – Complexité (simple à complexe) _____

_____

_____

5 – Appréciation générale _____

_____

_____

6 – Accompagnement / accord (description) _____

_____

_____

Appréciation de l'accord (excellent, très bon, bon, ordinaire, mauvais) _____

Commentaires : _____

_____

Fiche de dégustation du cidre du Québec

Date de dégustation : _____

Nom du cidre : _____

Type de cidre : _____

Producteur, région : _____

Variétés de pommes : _____

Année de récolte : _____

% alcool/volume : _____

Prix d'achat : _____

Format de bouteille : _____

1 – Aspects visuels (couleur et intensité, limpidité, consistance, effervescence) _____

_____

_____

2 – Au nez (parfum, intensité) _____

_____

_____

3 – En bouche (saveur, arôme, texture, caractère, persistance) _____

_____

_____

4 – Complexité (simple à complexe) _____

_____

_____

5 – Appréciation générale _____

_____

_____

6 – Accompagnement / accord (description) _____

_____

_____

Appréciation de l'accord (excellent, très bon, bon, ordinaire, mauvais) _____

Commentaires : _____

_____

À votre santé !